Dracula

드라큘라

드라큘라

First edition: October 2011

TEL (02)2000-0515 | FAX (02)2271-0172

ISBN 978-89-17-23791-7

YBM Reading Library는 ...

쉬운 영어로 문학 작품을 즐기면서 영어 실력을 크게 향상시킬 수 있도록 개발된 독해력 완성 프로젝트입니다. 전 세계 어린이와 청소년들에게 재미와 감동을 주는 세계의 명작을 이제 영어로 읽으세요. 원작에 보다 가까이 다가가는 재미와 명작의 깊이를 느낄 수 있을 거예요.

350 단어에서 1800 단어까지 6단계로 나누어져 있어 초·중·고 어느 수준에서나 자신이 좋아하는 스토리를 골라 읽을 수 있고, 눈에 쉽게 들어오는 기본 문장을 바탕으로 활용도가 높고 세련된 영어 표현을 구사하기 때문에 쉽게 읽으면서 영어의 맛을 느낄 수 있습니다. 상세한 해설과 흥미로운 학습 정보, 퀴즈 등이 곳곳에 숨어 있어 학습 효과를 더욱 높일 수 있습니다.

이야기의 분위기를 멋지게 재현해 주는 삽화를 보면서 재미있는 이야기를 읽고, 전문 성우들의 박진감 있는 연기로 스토리를 반복해서 듣다 보면 리스닝 실력까지 크게 향상됩니다.

세계의 명작을 읽는 재미와 영어 실력 완성의 기쁨을 마음껏 맛보고 싶다면, YBM Reading Library와 함께 지금 출발하세요!

준비하고, 읽고, 다지는 3단계 리딩 전략

YBM Reading Library

책을 읽기 전에 가볍게 워밍업을 한 다음, 재미있게 스토리를 읽고, 다 읽고 난 후 주요 구문과 리스닝까지 꼭꼭 다지는 3단계 리딩 전략! YBM Reading Library, 이렇게 활용하세요.

Before the Story

People in the Story

스토리에 들어가기 전,
등장인물과 만나며 이야기의
분위기를 느껴 보세요~

CHAPTER 6

The Bloofer Lady

아름다운 여인

In the Story

★ **스토리**

재미있는 스토리를 읽어요. 잘 모른다고
멈추지 마세요. 한 페이지, 또는 한 chapter를
끝까지 읽으면서 흐름을 파악하세요.

★★
- bloofer (고어) 아름다운
- uneventful 특별한 일이 없는
- most of the way 대부분, 내내
- gasp 헉 하고 숨을 쉬다
- be anxious about …에 대해 염려하다
- nervous fit 신경 발작
- upset …의 마음을 휘젓다; (마음이) 동요한, 당황한
- disturb 불안하게 만들다, 어지럽히다
- bulge out 툭 불거지다
- in terror 두려움에 차서, 공포로
- beaky 부리 모양의
- pointed beard 끝이 뾰족한 턱수염
- take one's eyes off …에서 눈을 떼다

98 ◦ Dracula

★★ **단어 및 구문 설명**

어려운 단어나 문장을 마주쳤을 때,
그 뜻이 알고 싶다면 여기를 보세요.
나중에 꼭 외우는 것은 기본이죠.

★★★ **돌발 퀴즈**

스토리를 잘 파악하고
있는지 궁금하면 돌발 퀴즈로
잠깐 확인해 보세요.

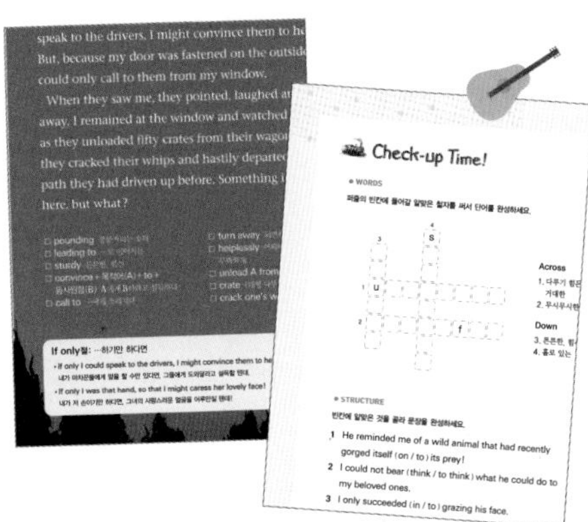
speak to the drivers, I might convince them to h
But, because my door was fastened on the outsid
could only call to them from my window.
When they saw me, they pointed, laughed a
away. I remained at the window and watched
as they unloaded fifty crates from their wago
they cracked their whips and hastily departe
path they had driven up before. Something i
here, but what?

Check-up Time!

1 He reminded me of a wild animal that had recently gorged itself (on / to) its prey!
2 I could not bear (think / to think) what he could do to my beloved ones.
3 I only succeeded (in / to) grazing his face.

Mini-Lesson
너무나 중요해서 그냥 지나칠 수 없는
알짜 구문은 별도로 깊이 있게 배워요.

★ ***Mina Harker's Diary***
22 September

Our train journey to London was uneventful. Jonathan slept most of the way, and awoke refreshed. From the railway station we took a bus to Hyde Park Corner, and then walked to Piccadilly Square.* I had stopped to look in a shop window, when I heard Jonathan gasp, then whisper, "My God!"

* 피커딜리 광장은 런던 시 중앙에 있는 가장 번화한 구역이에요.

I am always anxious about Jonathan, for I fear that some nervous fit may upset him again. So I turned to him quickly, and asked what had disturbed him. He had turned very pale, and his eyes seemed to bulge out in terror.

He was staring at a tall, thin man, with a beaky nose, black moustache and pointed beard. The man did not see us, for he was staring at a pretty girl in a carriage. Jonathan couldn't take his eyes off him, so I asked him why he was so upset.

"That is Count Dracula!" he said.

★★★ Which is true about the trip to London?
a. The train journey was full of events.
b. Jonathan slept most of the way.
c. Mina was shocked to see Dracula.

Chapter 6 • 99

Check-up Time!
한 chapter를 다 읽은 후 어휘, 구문, summary까지 확실하게 다져요.

Focus on Background
작품 뒤에 숨겨져 있는 흥미로운 이야기를 읽으세요. 상식까지 풍부해집니다.

After the Story

Reading X-File 이야기 속에 등장했던 주요 구문을 재미있는 설명과 함께 다시 한번~

Listening X-File 영어 발음과 리스닝 실력을 함께 다져 주는 중요한 발음법칙을 살펴봐요.

MP3 Files
www.ybmbooksam.com에서 다운로드 하세요!

– YBM Reading Library –

이제 아름다운 이야기가
시작됩니다

Dracula

_ Before the Story

_ In the Story

Bram Stoker (1847~1912)

브램 스토커는 …

아일랜드 더블린에서 태어나, 어려서부터 독서와 글쓰기를 좋아하여 작가의 꿈을 키웠다. 그러나 아버지의 극심한 반대에 부딪혀 트리니티 칼리지 졸업 후 공무원이 된 그는 틈틈이 희곡 비평가와 잡지 편집자로도 활동했고, 이때 인연을 맺은 배우 헨리 어빙은 그의 평생 지기가 된다. 1878년 결혼 후 공직생활을 청산한 스토커는 런던에 정착해 헨리 어빙 소유의 극장 매니저로 일하게 되는데, 그 후 27년 간 이 극장에 몸 담으며, 코난 도일 경 등 문화계 명사들과 활발히 교류하며 친분을 쌓았다. 그는 극장 매니저로 활동하면서도 끊임없이 저술활동을 펼쳐, 대표작인 〈드라큘라 (Dracula), 1897〉를 비롯하여 〈수의를 입은 여인 (The Lady of the Shroud), 1909〉, 〈하얀 벌레가 사는 굴 (The Lair of the White Worm), 1911〉 등 대부분 공포와 환상을 주조로 하는 작품을 내놓았다.

브램 스토커는 〈드라큘라〉를 쓰기 위해 8년 동안 유럽을 떠도는 흡혈귀에 대한 설화들을 연구했다. 이 작품을 통해 세계적인 명성을 얻게 된 스토커는 오늘날 흡혈귀 문학의 대표작가로 평가되고 있다.

Dracula

드라큘라는 …

조나단 하커라는 런던의 변호사가 트란실바니아 지방에 있는 고성에 사는 드라큘라 백작을 만나러 가는 것부터 시작된다.

런던에 저택을 매입한다며 조나단을 유인한 드라큘라 백작의 실체는 죽은 뒤에도 사람의 피를 빨아 연명하는 흡혈귀였다. 드라큘라의 성에 머무는 내내 공포와 의문에 휩싸여 있던 조나단은 자신이 흡혈귀의 포로가 되었음을 깨닫고, 목숨을 건 탈출을 감행하게 된다. 한편 조나단의 약혼녀 미나는 함께 휴가를 보내던 친구 루시가 밤마다 사라지고 나날이 창백해지는 것을 걱정하던 중, 조나단이 부다페스트의 한 병원에 있다는 전갈을 받고 서둘러 그곳으로 출발한다. 영국으로 돌아온 그들은 런던에서 드라큘라 백작을 다시 보게 되고, 죽은 루시가 흡혈귀가 되었다는 사실을 알게 된 후 사투 끝에 드라큘라 백작을 무찌르게 된다.

〈드라큘라〉는 출간 후 수백 차례 영화와 연극으로 재탄생하여 세계인들에게 흥미진진한 스릴과 감동을 주었으며, 오늘날까지도 명실공히 환상문학의 고전으로 손꼽히고 있다.

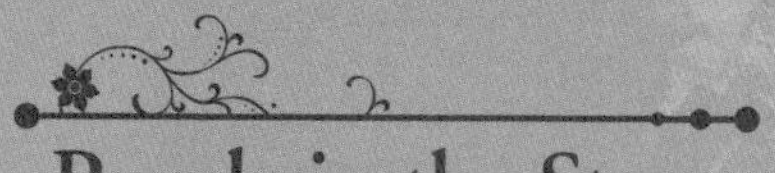

People in the Story

〈드라큘라〉에 등장하는 인물들을 살펴볼까요?

Van Helsing

희귀한 질병의 권위자. 루시를 진찰한 후 흡혈귀의 출몰을 확신한다. 이후 드라큘라를 무찌르는 일에 앞장선다.

Dr. Seward

루시의 주치의. 알 수 없는 증상을 보이는 루시를 위해 반 헬싱에게 도움을 요청하여 드라큘라를 무찌르는 일에 일조한다.

Arthur

루시의 약혼자. 사랑하는 약혼녀를 드라큘라에 의해 잃게 되자 드라큘라를 제거하는 일에 협조한다.

Jonathan

변호사. 런던에 저택을 구매하려는 드라큘라의 요청을 받고 트란실바니아로 떠난다. 드라큘라가 흡혈귀라는 사실을 깨닫고 목숨을 건 탈출을 감행한다.

Dracula
죽은 뒤에도 사람의 피를 빨아먹고
사는 흡혈귀. 영국으로 진출하고자
런던에 살고 있던 변호사 조나단을
트란실바니아로 유인한다.
Lucy
미나의 친구. 드라큘라에게 피를
빨린 후 흡혈귀가 되어 아이들을
공격한다.
Mina
조나단의 약혼녀. 친구 루시가 나날이
창백해지는 것을 염려한다. 조나단이
부다페스트의 한 병원에 환자로 있다는
소식을 듣고 서둘러 부다페스트로 떠난다.

a Beautiful Invitation

– YBM Reading Library

Dracula

Bram Stoker

Jonathan's Journey to Transylvania

트란실바니아로의 여행

In May 1897, the London Lawyer Jonathan Parker traveled to Transylvania★, Hungary, to meet a client named Count Dracula. Jonathan had found a London property for him, and this trip was to finalize the sale. This is Jonathan's journal:

Transylvania는 현재 루마니아의 북서부 지방으로, 1897년 당시에는 헝가리의 영토였답니다.

3 May

Before leaving London, I visited the British Museum in order to obtain information about Count Dracula's castle. Unfortunately, I could find no documents about it, but I did★ discover that the district in which he lives, is in the wildest and most eastern part of Transylvania.

★ 동사 앞에 쓰인 do는 동사의 의미를 강조해요.

Yesterday evening, I arrived in the small town of Klausenburgh where I spent the night at the Hotel Royale.

This morning I rushed my breakfast, for the train was due[1] to leave at 8 a.m. All day long the train dawdled through a country of exceeding beauty. And it was almost nightfall when I arrived at Bistritz. I had a room reserved at the Golden Krone hotel and was looking forward to a restful evening before continuing my journey the following day.

□ client 고객
□ property 부동산, 소유지
□ finalize 마무리 짓다, 완결하다
□ journal 일기
□ obtain 얻다
□ document 문서, 서류
□ district 지역, 구역
□ eastern 동쪽에 위치한
□ rush (one's) breakfast 아침식사를 급히 하다
□ for 왜냐하면, …때문에
□ dawdle 꾸물거리다
□ exceeding 대단한, 굉장한
□ nightfall 해 질 녘, 해거름
□ reserved 예약이 된
□ look forward to …을 고대하다
□ restful 편안한

1 **be due to + 동사원형** …할 예정이다
This morning I rushed my breakfast, for the train was due to leave at 8 a.m.
오늘 아침 나는 아침식사를 급히 했는데, 기차가 8시에 출발할 예정이기 때문이었다.

5 May

The inhabitants of Bistritz are a strange lot. At the mere mention of Count Dracula's name, they took out their crucifixes, and crossed themselves!

"Don't go, Herr Englishman," pleaded the landlady of my hotel.

But when I refused to take heed of her warning, she persuaded me to wear her silver crucifix. Although I am not a believer in witchcraft or sorcery, I hung the crucifix around my neck to please her, and to silence her fears!

My coach left Bistritz under thunderous-looking clouds, and it wasn't long before the first flakes of snow[1] began to fall.

As the coach hurtled through the Borgo Pass, the mountains seemed to close in on us. The other passengers became more fearful as our coach got nearer to Count Dracula's district. Finally, the coach came to the stop where Count Dracula's carriage was to transport me to his castle.

- □ inhabitant 주민
- □ lot (사람의) 무리
- □ crucifix 십자가
- □ cross oneself 성호를 긋다
- □ plead 간청하다
- □ take heed of …을 주의하다
- □ witchcraft 마법, 마술
- □ sorcery 마법
- □ silence 조용히 하게 하다, 침묵시키다
- □ flake of snow 눈송이
- □ hurtle 돌진하다
- □ close in on …에 가까이 다가오다
- □ stop (이미 약속된) 정차 장소
- □ transport 수송하다, 이동시키다

1 **It wasn't long+before절** 머지 않아 …했다
It wasn't long before the first flakes of snow began to fall.
머지 않아 첫 눈송이들이 떨어지기 시작했다.

Mini-Less

See p.136

복합어로 쓰이는 looking

형용사 뒤에 -looking이 붙여지면 '…할 것 같은, …로 보이는'의 뜻을 가진 복합어가 만들어진답니다.

- My coach left Bistritz under thunderous-looking clouds.
  천둥이 칠 것 같은 구름 아래 내가 탄 마차는 브리트리츠를 떠났다.
- He had a strong face, a long, thin aquiline nose and a cruel-looking mouth.
  그는 억센 얼굴 모양, 길고 가는 매부리코, 그리고 잔인해 보이는 입매를 가지고 있었다.

The carriage, drawn by four jet-black horses and driven by a mysterious caped man, was waiting for me at the rendezvous point. The driver never spoke, but as soon as I was aboard, we took off at great speed into the desolate mountains. All around us, wolves howled, and occasionally I saw their red eyes shining in the dark!

As the carriage traveled around a sharp bend, the moon appeared from behind a cloud, and lit up the jagged battlements and turrets of a large castle. But there were no welcoming lights shining from its windows. Very strange!

The driver left me with my bags, standing outside a magnificent old, oak door, studded with large iron nails. There was no sign of a bell or knocker, so I waited and waited for someone to appear. Eventually, I heard heavy footsteps on the inner stone floor, and a key turning in the ancient lock. Then, with a loud grating noise, the great door swung open. A tall, old man stood before me.

1 **from head to toe** 머리끝부터 발끝까지
He had a long white moustache and was dressed in black from head to toe.
그는 길고 흰 콧수염을 기르고 있었고 머리끝부터 발끝까지 검게 차려 입고 있었다.

He had a long white moustache and was dressed in black from[1] head to toe.

- □ jet black 새까만, 칠흑의
- □ caped 망토를 걸친
- □ rendezvous point 만나기로 한 장소
- □ take off (서둘러서) 떠나다
- □ at great speed 빠른 속도로
- □ desolate 황량한, 적막한
- □ howl 울다, 울부짖다
- □ occasionally 이따금씩, 가끔
- □ travel (특정 거리를) 가다
- □ bend (길의) 커브, 굴곡
- □ jagged 삐죽삐죽한
- □ battlement (총구멍이 있는) 흉벽
- □ turret (성 꼭대기에 지은) 작은 탑
- □ magnificent 웅장한; 장관의
- □ studded with …가 점점이 박혀 있는
- □ knocker 문 두드리는 고리쇠
- □ eventually 마침내
- □ ancient 아주 오래된, 낡은
- □ grating 삐걱거리는
- □ swing open (문이) 홱 열리다 (swing-swung-swung)
- □ moustache 콧수염

The old man's antique silver lamp threw long quivering shadows as it flickered in the draught of the open door. Then he smiled and said in perfect English, but with a strange accent, "Welcome to my house! Enter freely and go safely, but leave behind something of the happiness you bring!"

I shook his hand, and felt an amazing strength in his icy grip.

"Count Dracula?" I asked.

He bowed and replied, "I am Dracula, Mr. Harker. Come in, the night air is cold, and you must be tired and hungry."

Although I protested, he picked up my bags and carried them inside.

여기서 people은 '하인들'을 나타낸답니다.

"You are my guest, Mr. Harker, and my people* are not available," he said.

I followed him along a dark passage, up a great winding staircase, and along yet another dark passage. At the end of it he threw open a heavy wooden door. I was greatly relieved to see a blazing log fire warming the room before me. The Count indicated a table set with an array of mouthwatering food.

"Please sit and eat, Mr. Harker," he said, and he went to stand by the roaring fire.

"Will you join me in a glass of wine?" I asked.

"No, thank you, I never drink ...," he paused for a moment, and then continued, "wine!"

I thought I heard a touch of menace in his voice, but I told myself I was just tired. So I tucked into an [1] excellent roast chicken, followed by some cheese, a salad and a bottle of old Tokay wine.

□ antique 고대풍의, 구식의
□ quivering 떨리는, 흔들리는
□ flicker (등불 등이) 깜박이다
□ draught (한줄기) 찬바람
□ leave behind 남겨두고 가다
□ amazing 놀라운
□ icy 얼음같이 찬
□ grip 손아귀; 움켜쥠
□ protest 이의를 제기하다, 부정하다
□ available 이용할 수 있는
□ passage 복도
□ winding 구불구불한, 나선식의
□ yet another 또 하나의
□ throw open a door 문을 확 열다 (throw-threw-thrown)
□ be relieved to + 동사원형 …하니 안심이 되다
□ blazing 타는; 타는 듯한
□ log fire 장작불
□ indicate (손가락으로) 가리키다
□ set with …가 차려진
□ an array of 죽 늘어선, 일렬의
□ mouthwatering 군침이 도는, 먹음직스러운
□ roaring 맹렬히 타오르는
□ pause 잠시 멈추다
□ a touch of …의 기운
□ menace 위협
□ Tokay (헝가리) 토케이산 백포도주

1 **tuck into** …로 배를 채우다, …을 빨리 〔열심히〕 먹다
So I tucked into an excellent roast chicken, followed by some cheese, a salad and a bottle of old Tokay wine. 그래서 난 훌륭한 구운 닭 요리로 배를 채운 다음 치즈와 샐러드, 토케이산 백포도주를 먹고 마셨다.

After supper, Dracula and I sat by the fire and talked for a while. It was the first time I noticed his unusual facial features. He had a strong face, a long, thin aquiline nose with peculiar arched nostrils, a cruel-looking mouth, and a high domed forehead. Hair sprouted from under his cuffs and his collar, and strangely, it also grew on the palms of his hands!

He had very little hair around his temples, but his eyebrows were big and bushy, and his pale ears were large and pointed at the top.

But it was the sight of his sharp white teeth protruding from his bright red lips that truly fascinated me. And when he smiled at me, I could smell the stench of decay on his breath.

"That is the smell of death," I thought.

Silence fell at last, except for the frightening howls of the wolves in the valley below. The Count's eyes gleamed with excitement and he said, "Listen to them, the children of the night! What music they make!"

Then he rose from his chair and continued, "You must be tired, Mr. Harker. Your bedroom is ready, so tomorrow you can sleep as late as you like! I will be away till the afternoon, so sleep well and dream well!"

- □ facial 얼굴의
- □ features 용모, 이목구비
- □ aquiline nose 매부리코
- □ peculiar 기이한, 이상한
- □ arched 아치 모양의
- □ nostril 콧구멍
- □ cruel-looking 잔인해 보이는
- □ domed 반구형의
- □ sprout from …에서 나다〔자라다〕
- □ cuff (셔츠의) 소매 끝동
- □ palm 손바닥
- □ temple 관자놀이
- □ bushy 숱이 많은, 짙은
- □ pointed 뾰족한, 날카로운
- □ protrudc from …에서 튀어나오다
- □ fascinate 매혹하다
- □ stench 악취
- □ decay 부패, 부식
- □ except (for) …을 제외하고
- □ howl 짖는 소리, 울부짖음
- □ gleam (눈빛이) 반짝거리다, 빛나다
- □ with excitement 흥분으로
- □ as late as you like 원하는 만큼 늦게
- □ away 자리에 없는, 부재중인

7 May

I slept late and awoke greatly refreshed. I was eager to finalize the business I was sent here to do, and get back to my fiancée, Mina. I washed and dressed, and ate the plentiful breakfast laid out for me. When I finished eating, I looked for a bell to ring for the servants, but I could not find one! It seems strange that there are no servants!

I could find no books, newspapers, or even writing materials, so I opened another door in the room. To my surprise, I discovered a library, overflowing with English books. I spent some time browsing through them until the Count arrived.

"I am delighted that you found this room," he said. "There must be plenty to interest you here. These books have proved useful to me over the years, and especially since I decided to buy a place in London. But alas*, as yet I only know English through these books!"

alas는 '아아'라는 뜻으로 슬픔·유감을 나타내는 감탄사예요.

- □ refreshed 원기를 회복한
- □ be eager to + 동사원형 매우 …하고 싶다
- □ fiancée 약혼녀
- □ lay ... out …을 차려놓다, 펼쳐놓다 (lay-laid-laid)
- □ writing materials 문방구, 필기기구 (*cf.* writing material 글의 소재)
- □ to one's surprise 놀랍게도
- □ overflow with …로 가득하다〔넘치다〕
- □ spend + 시간 + ...ing …하는 데 시간을 보내다
- □ browse through …을 훑어보다
- □ prove A to B B에게 A임이 증명되다
- □ as yet 아직(까지)
- □ content 만족하는

"But, Count, you speak English very well!" I said.

"Thank you, my friend. But with this accent, the people in London will know I am a stranger. I will only be content when I can speak like them."

Then he added, "While you are here, you may go anywhere in my castle except where the doors are locked. Remember, this is Transylvania not England, we do things differently here!"

The Count was silent for a moment, and then he said, "Now, tell me about my new house."

I fetched the papers from my room, and laid them out on the table. Count Dracula was interested in everything, and asked me numerous questions about the place and its surroundings. It was clear that he had read a lot about the neighborhood, and in fact, he knew much more than I did! After I had told him the facts and he had signed the necessary papers, he asked me how I had found such a suitable place. ☀

- □ fetch (가서) 가지고 오다
- □ numerous 많은
- □ surroundings 환경
- □ neighborhood 인근, 이웃
- □ suitable 적합한, 알맞은
- □ isolated 외떨어진, 고립된
- □ feature 특징, 특성
- □ hinge (문 등의) 경첩
- □ keep out 막다
- □ prying eyes 호기심 어린 시선
- □ rub one's hands together 두 손을 맞비비다
- □ crow (수탉이) 울다, 때를 알리다
- □ time flies by 시간이 매우 빨리 가다
- □ courtly 정중한, 예의 바른
- □ weird 기이한, 이상한

"Well, Sir, you asked for somewhere large, old and isolated, and surrounded by a high stone wall and tall trees. Carfax House has all those features, and heavy gates with huge iron hinges to keep out prying eyes!"

The Count smiled, rubbed his hands together and said, "It sounds a perfect place for me to be alone with my thoughts!"

Count Dracula talked through the whole night. But when the cock crowed in the early morning, he jumped up and said, "Is that really the time? I'm sorry I've kept you awake all night. You must make your conversations less interesting, so that I may not forget how time flies by!"

Then, with a courtly bow, he quickly left me. He is quite weird, and his strange behavior makes me nervous!

Mini-Lesson

such a + 형용사(A) + 명사(B) / so + 형용사(A) + a + 명사(B):
그토록 (너무나) A한 B

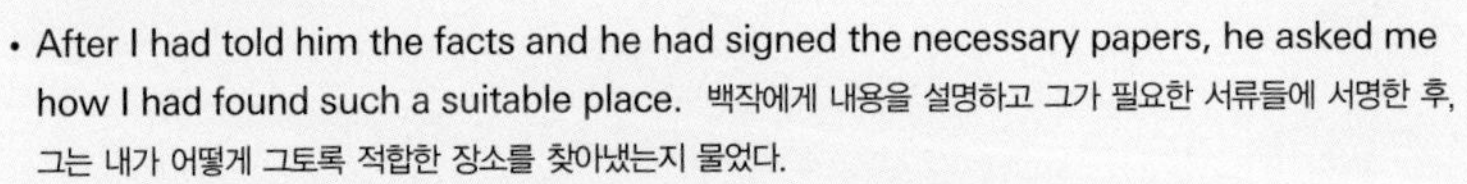

- After I had told him the facts and he had signed the necessary papers, he asked me how I had found such a suitable place. 백작에게 내용을 설명하고 그가 필요한 서류들에 서명한 후, 그는 내가 어떻게 그토록 적합한 장소를 찾아냈는지 물었다.
- She gave so witty an answer that they burst out laughing.
  그녀가 너무나 재치 있는 대답을 해서 그들은 폭소를 터뜨렸다.

Check-up Time!

• WORDS

빈칸에 들어갈 알맞은 단어를 고르세요.

features	crucifix	draught	district

1 She took out her ________ and crossed herself!

2 It was the first time I noticed his unusual facial ________.

3 The ________ in which he lives, is in the wildest part.

4 The lamp threw quivering shadows as it flickered in the ________ of the open door.

• STRUCTURE

주어진 단어들을 어순에 맞게 쓰세요.

1 I rushed my breakfast, for the train ________ ________ ________ ________ at 8 a.m. (due, was, leave, to)

2 He was dressed in black ________ ________ ________ ________. (toe, to, head, from)

3 He asked me how I had found ________ ________ ________ ________. (a, place, suitable, such)

ANSWERS

Words | 1. crucifix 2. features 3. district 4. draught

Structure | 1. was due to leave 2. from head to toe 3. such a suitable place

● COMPREHENSION

드라큘라 백작의 외모에 대한 설명이 아닌 것을 고르세요.

a. He was thin and had a black moustache.

b. He had a strong face, and a long, thin aquiline nose.

c. He had sharp white teeth protruding from bright red lips.

d. His eyebrows were big and his ears were pointed at the top.

● SUMMARY

빈칸에 맞는 말을 골라 이야기를 완성하세요.

London Lawyer Jonathan traveled to (   ) to meet his (   ), Count Dracula at his castle. He stayed one night at a hotel near the castle, and found the people there were very (   ) of Dracula. Next day, he left the hotel and arrived at the castle. Count Dracula was tall, old and wore black clothes. He led Jonathan to his room and gave him dinner. Although the Count was kind, his behavior was quite (   ), so Jonathan felt there was something strange about him.

a. afraid   b. Transylvania   c. client   d. weird

Comprehension | a   Summary | b, c, a, d

Castle Dracula

드라큘라 성

8 May - Continuing Jonathan's Journal

This place is definitely odd, and I do wish I were[1] on my way home! I slept a few hours, and when I awoke, I decided to shave and freshen up. I took a small mirror from my traveling bag and began to shave in front of it. Suddenly, I felt a cold hand on my shoulder, and the Count said, "Good morning!"

I hadn't heard him come in. And even though he was close to me, and the whole room behind me was reflected in my mirror, there was no sign of him in it! What kind of man casts no reflection?

I was shocked, and cut myself slightly. The Count looked like a crazed animal as he watched the blood run down my neck! He grabbed at my throat, but when his hand touched my silver crucifix, his fury instantly disappeared and he became calm again.

"Take care, my friend, don't cut yourself," he said. "In this country, it is more dangerous than you think!"

Then he grabbed the shaving glass, and exclaimed, "And this wretched thing makes men vain! Away with it!"

Without warning, he threw it out of the window where it smashed on the rocks below, and then he withdrew without another word. It is very annoying, for I can no longer see myself as I shave!

- □ definitely 확실히, 정말로
- □ odd 이상한, 특이한
- □ freshen up 씻고 매무새를 가다듬다
- □ be reflected (거울 등에 상이) 비치다
- □ cast (상 · 그림자 등)을 드리우다
- □ reflection (거울 등에 비친) 상〔모습〕
- □ crazed (격한 감정에 사로잡혀) 날뛰는
- □ grab at …을 잡으려고 하다 (*cf.* grab 잡다)
- □ fury 분노
- □ instantly 즉시
- □ wretched 형편없는
- □ vain 허영심이 많은; 헛된
- □ Away with it! 그것을 없애버리시오!
- □ smash (세게) 부딪혀 박살이 나다
- □ withdraw 물러나다, 철수하다 (withdraw-withdrew-withdrawn)
- □ annoying 짜증스러운

1 **I wish + 가정법 과거(과거형 동사)** …라면 좋겠다

This place is definitely odd, and I do wish I were on my way home! 이곳은 확실히 이상하고, 내가 집으로 돌아가는 중이라면 정말 좋겠다!

Later, when I had eaten breakfast, the Count was nowhere to be seen.[1] So I decided to explore the castle, and discovered that it is built on the very edge of a terrifying precipice. I found a room looking toward the South that had magnificent views from its window. There are trees as far as the eye can see,[2] and here and there the silver threads of rivers can be seen winding through the forests.

But I am not in the mood to describe the beauty further, for the time has come for me to carry on exploring. I rushed up and down the stairs trying the doors, but almost all were locked and bolted. There appears to be no available exit from this castle, and no one to help me! It is a veritable prison, and I am its prisoner!

When I heard the great door shut with a loud bang, I knew the Count had returned. I crept back to my room, and was surprised to see him making my bed.

1 **nowhere to be seen** 어디에도 보이지 않는
Later, when I had eaten breakfast, the Count was nowhere to be seen. 그 뒤 내가 아침식사를 한 후, 백작은 어디에서도 보이지 않았다.

2 **as far as the eye can see** 끝도 없이, 끝이 안 보이게
There are trees as far as the eye can see. 나무들이 끝도 없이 펼쳐져 있다.

This was odd, and only confirmed my suspicions: there are no servants in the castle! It has now become clear why the people of Bistritz were so fearful for me. Bless that good woman who gave me the crucifix!

- □ terrifying 겁나게 하는, 무서운
- □ precipice 벼랑
- □ thread (가느다란) 줄기
- □ wind through …사이로 구불구불하게 지나가다
- □ be in the mood to + 동사원형 …할 기분이다
- □ carry on ...ing …하는 것을 계속하다(가다)
- □ try the door 문을 열려고 해 보다
- □ bolted 빗장이 질러진
- □ appear to + 동사원형 …한 것처럼 보이다
- □ veritable 진정한
- □ bang 쾅 하는 소리
- □ creep 살금살금 걷다(움직이다) (creep - crept - crept)
- □ make one's bed …의 잠자리를 정돈하다
- □ confirm 확인해 주다
- □ suspicion 의심
- □ be fearful for …을 염려하다
- □ Bless ...! …에게 축복이 있기를!

12 May

Last night, the Count joined me after supper, and asked me questions on legal and business matters.

Then he said, "I'm looking for a small port away from London through which I can import my goods. Which port would you recommend?"

I told him that the port of Whitby would be perfect, but I didn't mention that Mina and her friend, Lucy, were vacationing there.

"Have you written to Mr. Hawkins, your employer, or to anyone else?" asked the Count.

Sadly I hadn't had the opportunity to send letters to anybody, and said so.

"Then write, my friend," he said. "Write to Mr. Hawkins and tell him that you will remain here for a month."

- □ legal 법적인
- □ import 들여오다; 수입하다
- □ recommend 추천하다
- □ vacation 휴가를 보내다
- □ employer 고용주
- □ opportunity 기회
- □ desire 바라다, 원하다
- □ meet (필요 등)을 충족시키다
- □ nod one's acceptance 고개를 끄덕여 승낙하다
- □ interests 이익, 이해관계
- □ hand A B A에게 B를 건네주다
- □ notepaper 편지지 (= writing paper)
- □ in shorthand 속기로
- □ puzzle 어리둥절하게 하다
- □ anger 화나게 하다
- □ formal 형식적인

"Why do you want me to stay so long?" I asked, for my heart grew cold at the thought.

"Because I desire it," he said. "Mr. Hawkins said you would stay until my needs were met! Is it not so?"

What could I do but nod my acceptance? It is for [1] Mr. Hawkins' interests, not mine that I have come, and I'm a prisoner here!

The Count handed me some notepaper and envelopes, and said, "I hope that you will only discuss business in your letters, but don't forget to tell them you are well and will return home soon."

Mina and I often wrote to each other in shorthand, but to do so now would puzzle and anger the Count, if he saw it. So I wrote brief, formal notes to Mr. Hawkins and Mina.

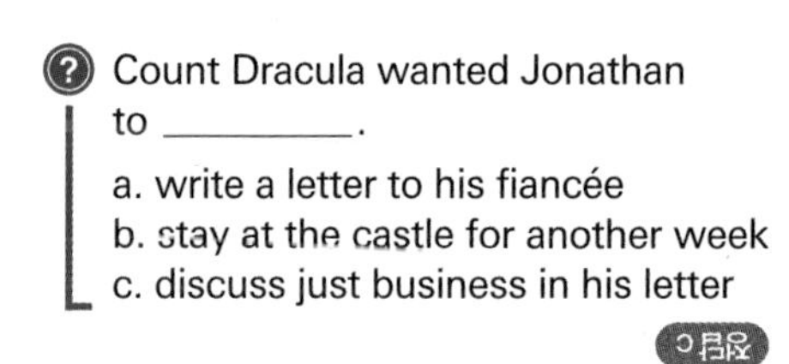

Count Dracula wanted Jonathan to ________.
a. write a letter to his fiancée
b. stay at the castle for another week
c. discuss just business in his letter

1 **What could I do but + 동사원형** …외에 무엇을 할 수 있었겠는가?
What could I do but nod my acceptance?
내가 고개를 끄덕여 승낙하는 것 외에 무엇을 할 수 있었겠는가?

I finished my two letters and returned to the book I had been reading earlier. The Count finished writing several notes, and then he took mine and stamped them all carefully.

After that, he said, "I trust you will forgive me, but I have much work to do this evening."

At the door he turned, and said, "Let me warn you, my young friend, do not fall asleep elsewhere in the castle. To do so will mean you will have bad dreams forever!"

I understood very well what he meant, but I doubted whether any dream could be worse than this horrible net closing around me.

When the Count had gone, I went downstairs and tried the great door, but it was still locked. I tried several other doors, but they were also all locked. I was disappointed, but then I spied a door at the top of the stairway.

□ stamp …에 인장을 찍다
□ I trust + (that)절 (기대 등이 사실이라고) 믿다
□ doubt whether …인지(아닌지) 의심스럽다
□ horrible 무시무시한
□ close around …주위로 다가오다
□ spy (갑자기) 보다, 발견하다
□ stairway (일련의) 계단

At first the door seemed to be locked, however, after a lot of pushing I managed to open it. Behind the door I discovered a narrow spiral staircase. It was so dark that I had to feel my way until I reached a moonlit room at the top. It was obvious that the room hadn't been used for some time because everything was covered in layers of grime and dust.

"At long last, fresh air," I thought as I leaned out the window.

- □ manage to + 동사원형 가까스로 …하다
- □ spiral staircase 나선형 계단
- □ feel one's way 더듬어 나아가다
- □ moonlit 달빛이 비치는
- □ obvious 분명한, 명백한
- □ layer 층, 겹
- □ grime 때, 더께
- □ at long last 마침내, 드디어
- □ lean out the window 창 밖으로 몸을 내밀다
- □ catch one's eye(s) …의 눈길을 끌다
- □ billow around …주위로 부풀어 오르다
- □ it was then + that절 …한 것은 바로 그때였다

Suddenly, a movement below me caught my eye. It was Count Dracula! He was climbing down the wall of the castle placing his fingers and toes into each tiny space between the stones. As he did so, his dark clothes billowed around him like the wings on a bat. Very soon he disappeared into the dark shadows. It was then that I realized I had lost my crucifix, and I felt weak with fear! What or who is Dracula?

Later that night

Soon I knew my night of fear was not over. I'm not sure if the following events were real or just a dream, but they terrified me!

I heeded the Count's warning and was determined not to fall asleep in this room. But I was shocked and weak after watching Dracula. There was a couch near the window, so I sat down to rest for a short time. The moonlight was so soft, and the couch so comfortable, that I soon fell asleep.

After a short time I awoke, or at least I thought I did. That's when I realized something was strange in this room. Even with my eyes closed, I knew I was being watched, and I heard whispering from the shadows. Through sleepy, half-closed eyes, I watched three young women glide toward me. These young women may have been beautiful, but I could tell they were evil!

Mini-Lesson

See p.137

영어는 중복을 싫어해요!

The moonlight was so soft, and the couch (was) so comfortable, that I soon fell asleep.에서 본동사 was 다음에 was가 반복되므로 중복을 피하기 위해 was를 생략했답니다.

- He has been to London once, and she (has been to London) twice.
  그는 런던에 한 번 가봤고, 그녀는 두 번 가봤다.

Their long, sharp, white teeth shimmered in the moonlight, and their red eyes glistened with excitement. I felt tremendous fear, but at the same time strong desire, for there was something about them that excited me. I wanted them to come to me, and touch me ...

- □ terrify 겁먹게 하다
- □ heed (경고)에 귀를 기울이다
- □ be determined to + 동사원형 …하기로 결심하다
- □ couch 푹신한 긴 의자, 소파
- □ half-closed 반쯤 감긴
- □ glide 미끄러지듯 가다
- □ tell (보통 can과 함께) 알다
- □ shimmer 희미하게 빛나다
- □ glisten (젖은 것이) 반짝이다
- □ tremendous 엄청난, 굉장한

Then two of the women pushed the prettiest one toward me. When she knelt beside me, I could smell her bittersweet breath and feel her two sharp teeth on my neck. I could not move! I was paralyzed with fear!

1 **have no further use for** …가 쓸모없어지다
He is mine until I have no further use for him!
그는 쓸모없어질 때까지 내 것이다!

Suddenly, out of nowhere, the Count appeared! He grabbed the woman by the neck and with a giant's power hurled her across the room. His face was deathly white, his eyes blazed like fire, and he shook with anger!

"How dare you touch him!" he cried. "He is mine until I have no further use for him!" [1]

"Is there nothing for us tonight?" cried one of the women.

Dracula kicked the bag he had brought with him over to the women. I could hear a baby's cry from within, but I tried to close my ears and eyes to what I knew would [2] happen next! The baby's cry grew louder, then suddenly stopped. Soon the room was filled with a strange, green mist. Now I know the secret of Castle Dracula: it is a house of vampires!

- □ kneel 무릎을 꿇다(kneel-knelt-knelt)
- □ bittersweet 씁쓸하면서 달콤한
- □ be paralyzed with …로 마비되다
- □ out of nowhere 난데없이, 갑자기
- □ grab ... by the neck …의 멱살을 잡다
- □ hurl (거칠게) 던지다
- □ deathly 죽은 사람처럼
- □ blaze 활활 타다
- □ How dare ... ! 감히 …하다니!
- □ mist 엷은 안개, 박무
- □ vampire 흡혈귀

2 **close my ears and eyes to** …에 귀와 눈을 막다
I tried to close my ears and eyes to what I knew would happen next! 나는 다음에 일어나리라 짐작되는 일에 귀와 눈을 막으려 애썼다!

Check-up Time!

● **WORDS**

단어와 단어의 뜻을 서로 연결하세요.

1	crazed •	• a. wild and uncontrolled, insane
2	annoying •	• b. very great
3	obvious •	• c. easy to see or understand
4	tremendous •	• d. making somebody feel slightly angry

● **STRUCTURE**

빈칸에 알맞은 단어를 골라 문장을 완성하세요.

1 What could I do but ________ my acceptance?

a. nod   b. to nod   c. nodding

2 He is mine until I have no further use ________ him!

a. on   b. to   c. for

3 I tried to close my ears and eyes ________ what I knew would happen next!

a. for   b. to   c. on

Words | 1. a 2. d 3. c 4. b
Structure | 1. a 2. c 3. b

• COMPREHENSION

다음은 누가 한 말일까요? 기호를 써넣으세요.

a. 
Dracula

b. 
Vampire woman

c. 
Jonathan

1 "Is their nothing for us tonight?" ____

2 "Why do you want me to stay so long?" ____

3 "Do not fall asleep elsewhere in the castle." ____

• SUMMARY

빈칸에 맞는 말을 골라 이야기를 완성하세요.

> One morning, Jonathan was shocked to see there was no (　　) of Count Dracula in his mirror. Feeling that something was not quite right, Jonathan explored the castle. He found that there were no (　　) at all and most of the doors were locked. Several nights later, Jonathan saw Dracula (　　) down the castle wall. Later, when he met three horrible (　　), he realized that evil vampires lived in the castle.

a. servants　　b. women　　c. reflection　　d. climbing

ANSWERS

Comprehension | 1. b 2. c 3. a
Summary | c, a, d, b

Escape!

탈출!

13 May - Continuing Jonathan's Journal

This morning, when I awoke in my room, I couldn't remember getting into bed. Did the Count put me to bed? I quickly dressed and hurried down to the door I had gone through last night, but this time it was securely fastened. In fact it appeared to have been ☀ slammed shut so hard that it had splintered the wood surrounding it. This proved that the events I had experienced last night were indeed real!

The Count said nothing about the previous night, but he insisted that I write three letters to Mr. Hawkins. [1] The first dated June 12, was to say my work was nearly done, and I would be returning home in a few days. The second dated June 19,[*] to say that I was leaving the following morning. And the third dated June 29,[*] to say that I had left the castle and arrived at Bistritz.

19와 29 다음에는 각각 was가 중복되어 생략되었답니다.

When I asked why, he said, " The posts are irregular here, and your letters will reassure your loved ones that you will return home soon."

Oh God, is my life about to end? My hand was shaking as I duly obliged, because to refuse would make him suspicious and angry. He knows that I know too much, so I must make a greater effort to escape as soon as possible!

□ get into bed 잠자리에 들다
□ put ... to bed …을 침대에 눕히다
□ securely 단단히
□ be fastened 잠기다
□ be slammed shut 꽉 닫히다
□ splinter 쪼개다, 깨다
□ the previous night 전날밤
□ post 우편물 수거〔배달〕 시간, 우편; 우편을 부치다
□ reassure 안심시키다
□ be about to + 동사원형 막 …하려 하다
□ duly 적절하게, 예상대로
□ oblige 부득이〔기꺼이〕 하다
□ suspicious 의혹을 갖는, 수상쩍어 하는
□ make a greater effort to + 동사원형 …하도록 한층 더 노력하다

1 **insist that + 주어(A) + (should) + 동사원형(B)** A가 B해야 한다고 주장하다
He insisted that I write three letters to Mr. Hawkins.
백작은 내가 호킨스 씨에게 보내는 편지 세 통을 써야 한다고 주장했다.

Mini-Lesson

to have + p.p. : 완료부정사

In fact it appeared to have been slammed shut so hard, that it had splintered the wood surrounding it. (사실 그 문은 너무 꽉 닫혔던 것처럼 보여서 문을 둘러싸고 있는 나무를 쪼개고 있었다.)에서 to have been slammed는 완료부정사로 본동사 appeared보다 앞서 일어난 일을 나타낸답니다.

• He seems to have finished the work yesterday. 그는 그 일을 어제 끝낸 것처럼 보인다.

28 May

This morning, I awoke to the sound of men's voices, so I got up and looked out of the window. I was surprised to see a group of happy-go-lucky gypsies gathered in the courtyard below. I thought they might smuggle out my letter for me if I paid them, so I quickly wrote two letters. Mina's is in shorthand explaining my situation, but I have spared her the worst details of my terrible circumstances. The second letter is to Mr. Hawkins, and I have asked him to communicate with Mina.

After writing the letters, I wrapped them around a gold coin and threw them out the window. One of the gypsies caught them, and then hid them in his cap.

Later, the Count came to my room and showed me two letters.

"The gypsies have given me these," he said quietly. "Oh look, one is from you, to my friend Mr. Hawkins. The other ..."

The shorthand in Mina's letter sent him into a rage!

"What is this vile thing?" he cried. "It isn't even signed!"

He calmly held Mina's letter over the lamp's flame until it turned to ash.

Then he said, "I will of course send your letter to Mr. Hawkins. And I won't be joining you tonight, so sleep well."

Without another word he left the room and locked the door behind him!

□ happy-go-lucky 태평스러운
□ be gathered 모이다
□ smuggle out 몰래 내가다; 밀수출하다
□ situation 상황, 처지
□ spare A B A에게 (불쾌한) B를 겪지 않게 하다
□ circumstances 환경, 상황, 정황
□ communicate with …와 연락하다
□ wrap A around B A를 B에 둘러싸다 (wrap-wrapped-wrapped)
□ send ... into a rage …을 격노하게 하다
□ vile 불쾌한, 비도덕적인
□ hold A over B A를 B 위로 들고 있다
□ turn to …로 변하다
□ ash 재

17 June

This morning, I heard the pounding of horses feet on the rocky path leading to the courtyard below. I hurried to the window, and saw that two large wagons, each drawn by six sturdy horses, had arrived. If only I could speak to the drivers, I might convince them to help me. But, because my door was fastened on the outside, I could only call to them from my window.

When they saw me, they pointed, laughed and turned away. I remained at the window and watched helplessly as they unloaded fifty crates from their wagons. Then they cracked their whips and hastily departed down the path they had driven up before. Something is going on here, but what?

□ pounding 쿵쿵거리는 소리
□ leading to …로 이어지는
□ sturdy 튼튼한, 힘센
□ convince + 목적어(A) + to + 동사원형(B) A에게 B하라고 설득하다
□ call to …에게 소리치다
□ turn away 외면하다
□ helplessly 어찌해 볼 수도 없이, 무력하게
□ unload A from B B에서 A를 내리다
□ crate (대형 나무) 상자
□ crack one's whip 채찍을 찰싹 갈기다

If only절: …하기만 하다면

• If only I could speak to the drivers, I might convince them to help me.
내가 마차꾼들에게 말을 할 수만 있다면, 그들에게 도와달라고 설득할 텐데.

• If only I was that hand, so that I might caress her lovely face!
내가 저 손이기만 하다면, 그녀의 사랑스러운 얼굴을 어루만질 텐데!

25 June

Last night I saw the Count climb out of his window, so I sat and waited for his return.

A couple of hours later, I was startled by a sharp wail from the Count's room below. Then there was silence – a terrible, almost deafening silence!

This morning, I am determined to take action while I have the courage to do so. I have rarely seen the Count during the day, so I expect that is the time he sleeps. I need to get into his room and steal his keys to make my escape, but his door is always locked.

"Could I climb down the castle wall?" I wondered. "I am so desperate that I must risk it, or die here in Dracula's castle!"

- □ hastily 서둘러서
- □ drive up (마차를 타고) …을 올라오다
- □ be startled by …에 놀라다
- □ wail 울부짖음, 통곡
- □ deafening 귀가 먹먹한
- □ take action 실행에 옮기다
- □ rarely 거의 …않다
- □ make one's escape 탈출하다
- □ desperate 절박한
- □ risk 위험을 무릅쓰다

Later that day

The outside walls of the castle are built of large, roughly cut stones, but much of the mortar has been washed away over time. I took off my boots in order to get a better hold between the stones with my toes. [1] I climbed out onto the windowsill, carefully picked my way down the wall, and slipped through the window into Dracula's room.

Could this dark and dusty space really be the Count's room? I looked everywhere, but there was no sign of him or his keys. Then, through the gloom, I spied a heavy door in the opposite wall. It was open, and led to a stone stairway that spiraled down to the castle basement.

There was no light to show me the way, so I carefully felt for each step as I descended into the darkness. Halfway down, I detected a strange earthy smell that became stronger as I neared the bottom of the stairs. But, when I opened the heavy door in front of me, a horrible stench of decay overwhelmed me, and I almost fainted!

1 **get a better hold** 더 잘 잡다
I took off my boots in order to get a better hold between the stones with my toes. 나는 발가락으로 벽돌 사이를 더 잘 잡기 위해 부츠를 벗었다.

- □ roughly cut 대충 잘라진
- □ mortar 모르타르, 회반죽
- □ be washed away 씻겨 내려가다
- □ windowsill 창턱
- □ pick one's way 조심조심 나아가다
- □ slip through …을 통해 미끄러지듯 들어가다 (slip-slipped-slipped)
- □ gloom 어둠
- □ opposite 반대편의
- □ spiral down 나선형으로 내려가다
- □ feel for …을 더듬어 찾다
- □ descend 내려가다
- □ halfway down 반쯤 내려가서
- □ detect 감지하다, 알아내다
- □ earthy 흙의
- □ near …에 가까워지다
- □ overwhelm 압도하다
- □ faint 기절하다

All, but one, of the crates that the gypsies had unloaded were stacked in a corner. The only light came from a small window and fell on the solitary crate that stood below it. Even though I knew that was the crate I had to open, I was not prepared for what I saw when I removed its lid!

It was Count Dracula that lay on a bed of earth! His face was bright red, and blood trickled from the corners of his mouth. He reeked of iron rich blood, and it seemed his whole body was swollen with it. He reminded me of a wild animal that had recently gorged itself on its prey! [1]

□ but …을 제외하고
□ be stacked (물건 등이) 쌓이다
□ fall on (빛 등이) …위에 떨어지다
□ solitary 홀로 있는, 외떨어진
□ remove one's lid 뚜껑을 열다
□ trickle from …에서 (액체가) 흐르다
□ reek of …의 악취가 나다
□ iron rich 철분이 많은
□ be swollen with …로 부풀다
□ reminded A of〔that〕B A에게 B를 떠올리게 하다
□ prey 먹이
□ bend over …위로 몸을 구부리다 (bend-bent-bent)
□ stand back 뒤로 물러서다
□ stare at …을 노려보다

1 **gorge oneself on** …을 잔뜩 먹다
He reminded me of a wild animal that had recently gorged itself on its prey!
그는 내게 얼마 전 먹이를 잔뜩 먹은 야생 동물을 떠올리게 했다!

My heart raced as I bent over and searched his pockets for the keys. But they were empty! As I stood back and stared at him, I knew for the first time in my life that I wanted to kill something!

But how can I kill something that might not be killed? So I climbed back up to my room, feeling useless and hopeless!

29 June

The Count came to my room this evening, and reminded me that he had posted my last letter.

Then he said, "Tomorrow, my friend, you can start your journey home to England. I won't be here, but my carriage will take you to meet the coach to Bistritz."

"Why can't I go tonight?" I asked, anxiously.

"Because my coachman and horses are unavailable!"

"I can walk, and the fresh air will be good for me," I said hastily.

The Count smiled, and asked, "And what about your luggage, Mr. Harker?"

But I had my answer ready, and said quickly, "I can send for it some other time."

"Then, if you are so desperate to leave, I will not keep you a minute longer!" he said, mockingly. "Come with me, my dear young friend."

□ anxiously 초조하게, 불안하게
□ unavailable 이용할 수 없는
□ luggage 짐; 수하물
□ send for …을 가지러 사람을 보내다
□ be desperate to + 동사원형 필사적으로 …하고 싶어하다
□ mockingly 조롱하듯이
□ unhook 떼어내다, 벗기다
□ draw back …을 열어젖히다
□ unwieldy 다루기 힘든, 거대한
□ bolt 빗장
□ it is too much for + 사람 …에게 너무 지나치다 (벅차다)

The Count silently led me down the stairs, and I could hear the howling of wolves as we approached the door. Then he unhooked the heavy chains, drew back the unwieldy bolts, and slowly opened the door. The noise of the wolves grew even louder! They were so close that I could see the red of their eyes, and the size of their long, sharp teeth! It was too much for me, and I cried out, "Shut the door! I'll wait till morning!"

I covered my face with my hands to hide the tears of disappointment, and hurried back to my room. Shortly after, I heard whispering outside the door, so I softly tiptoed over and listened. I was certain it was the Count's voice!

"Go back to your own place, and have patience!" murmured the voice. "Tonight he is mine, but tomorrow night he is yours!"

There was a ripple of laughter, and in a rage, I threw open the door.

The Count was nowhere to be seen, but the three vampire women were huddled together in the passageway! I slammed the door shut, fell to my knees and prayed, "If Death★ is to take me, then I am ready! Oh God, please protect my loved ones!"

Death는 '사신(死神), 저승사자'라는 뜻이랍니다.

30 June

These may be the last words I ever write in this diary. I slept little last night and rose just before dawn. The only way to escape this wretched place is to find the Count's keys! I have to take a chance, so I decided to climb down to his room again.

I scrambled down the wall, slipped into the Count's room, and made my way down the dark staircase. My legs trembled, and my hands shook as I entered the room containing the Count's crate!

- □ shortly after 그 직후에
- □ tiptoe over 발끝으로 살금살금 걸어 (그쪽으로) 가다
- □ patience 인내
- □ murmur 속삭이다, 소근거리다
- □ a ripple of laughter 파문처럼 번져 가는 웃음소리
- □ in a rage 발끈하여
- □ be huddled together 한데 모이다
- □ passageway 복도
- □ protect 보호하다
- □ wretched 비참한
- □ take a chance (모험치고) 한번 해보다
- □ scramble down (힘겹게) 기어 내려가다
- □ make one's way 나아가다
- □ tremble 떨리다; (몸을) 떨다
- □ contain …이 (들어) 있다

I was shocked when I raised the lid of Dracula's crate. There he lay, but he looked as if his youth had been restored! His white hair and moustache had turned a dark iron gray, his cheeks were fuller, and his once pale skin glowed pink. His mouth was redder than ever, and fresh blood glistened on his lips. He looked like a filthy leech, bursting with blood!

I shuddered as I bent over him to search for his keys, but again, there was no sign of them. I couldn't bear [1] to think what he could do to my loved ones if he fulfilled his desire to live in England. I had to stop him!

I looked around for a weapon, and spied a shovel leaning against the far wall. I lifted it high to strike his hateful face, but as I did so, he opened his blazing red eyes! That vile look almost paralyzed me, and I only succeeded in grazing his face. [2]

□ be restored 회복되다
□ glow pink 홍조를 띠다
□ than ever 여느 때보다도
□ filthy 아주 더러운
□ leech 거머리, 흡혈귀
□ burst with …로 터질 듯하다
□ shudder 몸을 떨다, 몸서리치다
□ fulfill one's desire to + 동사원형 …하는 소망을 달성하다
□ weapon 무기
□ shovel 삽
□ lean against …에 기대다
□ hateful 혐오스러운
□ paralyze 마비시키다
□ graze (가볍게) 스치다, …을 스쳐서 벗겨지게 하다
□ pull A away from B A를 B로부터 치우다
□ blade (칼·도구 등의) 날
□ close over …위로 덮이다

Then, as I pulled the shovel away from the crate, the blade caught the edge of the lid and it closed over him.

"Thank god, he is now hidden from my sight!" I thought.

1 **can't bear to + 동사원형** …하니 참을 수가 없다
I couldn't bear to think what he could do to my loved ones.
그가 내 사랑하는 사람들에게 무슨 일을 할까 생각하니 난 참을 수가 없었다.

2 **succeed in ...ing** …하는 데 성공하다
That vile look almost paralyzed me, and I only succeeded in grazing his face. 그 불쾌한 눈빛은 거의 나를 마비시켜서 단지 그의 얼굴을 스쳐서 약간 벗겨지게 하는 데 성공했을 뿐이었다.

I didn't know what to do next, and a feeling of absolute despair came over me. Just then, I heard the gypsies singing as they returned to the castle with their wagons! [1]

I ran up the stairs and into the Count's room, thinking I could rush out when they opened the door. I heard downstairs the faint grinding of the key in the great lock and the opening of the heavy door. Then the gypsies' footsteps got closer and closer. There must be some other way into the basement, or someone has a key to one of the locked doors. [2]

Just as I turned to run downstairs again, a violent puff of wind blew into the room and the door slammed shut. I tried to open it, but it was stuck fast! I shivered as the net of doom closed more tightly around me!

- □ absolute 완전한, 완벽한
- □ despair 절망, 절망감
- □ rush out 뛰쳐나가다
- □ faint 희미한
- □ grinding 삐거덕거리는(끼익하는) 소리
- □ violent 격렬한, 맹렬한
- □ a puff of wind 한번 훅 부는 바람
- □ blow into …안으로 불어 들어오다 (blow-blew-blown)
- □ be stuck fast (문 등이) 굳게 닫히다
- □ shiver (공포 등으로) 벌벌 떨다
- □ net of doom 죽음의 그물
- □ nail ... down …을 못으로 박다
- □ groan 끙끙대다, 신음하다
- □ screech 삐걱거리는 소리를 내다
- □ nothing but 오로지, 단지 (= only)
- □ torment 괴롭히다, 고통을 안겨주다
- □ dreadful 무시무시한; 끔찍한

As I write, I can hear the gypsies nailing the lids down and groaning as they carry the heavy crates to the wagons. Then the great door shut, and the key screeched in the lock. Now, there is nothing but silence!

I am now alone in the castle with the three vampire women! I can't stay here and let them torment me; I must escape! The only way out of this dreadful place is down the castle wall. No matter what it takes, I will[3] return to England and my loved ones! I love you, Mina!

Jonathan will __________ to escape from the castle.

a. break the door down
b. climb down the castle wall
c. find Dracula's keys

정답 b

1 **come over** …을 덮치다 (찾아오다)
I didn't know what to do next, and a feeling of absolute despair came over me.
나는 다음에 무엇을 해야 할지 알 수 없었고, 완전한 절망감이 나를 덮쳤다

2 **get + 비교급 + and + 비교급** 점점 더 …해지다
Then the gypsies' footsteps got closer and closer.
그러고 나서 집시들의 발소리가 점점 더 가까워졌다.

3 **no matter what it takes** 무슨 희생을 치르더라도
No matter what it takes, I will return to England and my loved ones! 무슨 희생을 치르더라도, 나는 영국과 사랑하는 사람들에게로 돌아갈 것이다!

• **WORDS**

퍼즐의 빈칸에 들어갈 알맞은 철자를 써서 단어를 완성하세요.

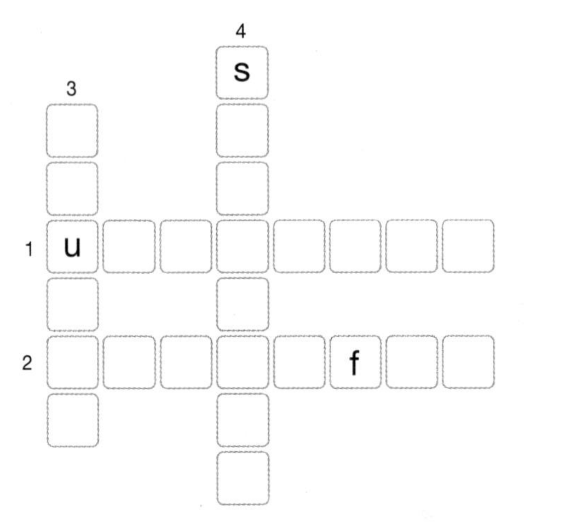

Across

1. 다루기 힘든, 거대한
2. 무시무시한

Down

3. 튼튼한, 힘센
4. 홀로 있는

• **STRUCTURE**

빈칸에 알맞은 것을 골라 문장을 완성하세요.

1 He reminded me of a wild animal that had recently gorged itself (on / to) its prey!

2 I could not bear (think / to think) what he could do to my beloved ones.

3 I only succeeded (in / to) grazing his face.

ANSWERS

Words | 1. unwieldy 2. dreadful 3. sturdy 4. solitary

Structure | 1. on 2. to think 3. in

● COMPREHENSION

본문의 내용에 맞게 알맞은 단어를 골라 문장을 완성하세요.

1 Dracula asked Jonathan to write ________ letters to Mr. Hawkins.

a. one b. two c. three

2 Dracula looked like a filthy ________, bursting with blood!

a. wolf b. leech c. ghost

● SUMMARY

빈칸에 맞는 말을 골라 이야기를 완성하세요.

One day, Jonathan climbed down the castle wall into the Count's room to find the (   ) to the great door. Jonathan found no sign of them, but he spied a door to the (   ). He went down the stairs and was shocked to see Dracula lying in one of the (   ). Some days later, Jonathan decided to climb down the castle wall to (   ) from Dracula's castle.

a. crates b. keys

c. escape d. basement

ANSWERS

Comprehension | 1. c 2. b

Summary | b, d, a, c

블라드 가시 공(公)

Vlad the Impaler

Although Bram Stoker's "Dracula" is world famous, not many people know that he was inspired by the 15th century historical figure Vlad Tepes. Tepes was a prince of Wallachia, a Romanian land near Transylvania. In his youth, Tepes was kidnapped by the Turks and held hostage for many years. When Tepes was 17 years old, he led a force of Turks to retake the throne of Wallachia. In the following years, he fought bravely for his country and won many battles.

However, Vlad Tepes was notorious for his fearsome personality. During his rule, he killed thousands of his enemies by impaling them on long, sharp sticks. Then he displayed them publicly to frighten and intimidate his enemies. This is how he earned the name Tepes, which means "impaler" in Romanian.

Vlad's other name was Dracula, which means "the son of Dracul." (Dracul was his father's name.) Vlad liked to dip his bread in his victims' blood before eating it. So, it is from these stories that Bram Stoker got the idea of creating "Dracula," the cruel vampire who drank people's blood.

브램 스토커의 '드라큘라'는 전 세계적으로 유명하지만, 드라큘라가 15세기의 역사적 인물인 블라드 체페슈에게 영감을 얻었다는 것을 아는 사람은 많지 않아요. 체페슈는 트란실바니아 인근의 루마니아 땅인 왈라키아의 영주였어요. 어린 시절 체페슈는 터키인들에게 납치되어서 볼모로 많은 세월을 보냈지요. 17세가 되었을 때 테페스는 왈라치아 왕권을 되찾기 위해 터키 군사를 이끌었어요. 그 후 수년 동안 자신의 조국을 위해 용감히 싸웠고 많은 전투에서 승리를 거뒀답니다.
그러나 블라드 체페슈는 무시무시한 성격으로 악명이 높았어요. 그는 통치 기간 동안 수천 명의 적들을 길고 날카로운 가시 막대기로 찔러 죽였어요. 그리고 그것을 공개적으로 전시해 놓아 적들을 겁주고 위협했지요. 이로 인해 그는 루마니아 어로 '가시 막대기'를 뜻하는 체페슈라는 이름을 얻게 되었답니다.
블라드의 다른 이름은 드라큘라였는데, 그것은 '드라쿨의 아들'이라는 뜻이에요(드라쿨은 그의 아버지의 이름). 블라드는 희생자들의 피에 빵을 적셔서 먹기를 즐겼지요. 그래서 브램 스토커는 이 이야기에서 사람들의 피를 빨아먹는 잔인한 흡혈귀인 '드라큘라'를 착상했답니다.

Mina and Lucy

미나와 루시

Mina Murray's Diary
29 May

I was beginning to worry about Jonathan because I hadn't heard from him for weeks. But just this morning I received a letter from him, saying that he is well and will be home soon. I am longing to hear all his news [1] about the strange countries he has traveled through.

This summer I will be on holiday with my best friend Lucy, in the seaside town of Whitby. I am so excited! Lucy was recently engaged to her long-time friend, Arthur Holmwood, and I can't wait to hear all about it! [2]

1 **long to + 동사원형** …하고 싶은 생각이 간절하다
I am longing to hear all his news about the strange countries.
나는 낯선 나라에 대한 그의 모든 소식을 듣고 싶은 생각이 간절하다.

2 **can't wait to + 동사원형** 빨리 …하고 싶어 견딜 수가 없다
I can't wait to hear all about it!
빨리 그것에 대한 모든 이야기를 듣고 싶어 견딜 수가 없다!

24 July, Whitby

Lucy met me at the station, and we drove up to the house on the Crescent where we had reserved rooms. I love Whitby with its beautiful gothic abbey overlooking the town. But my favorite spot to sit and relax is in another churchyard nearby. From there, I have a lovely view of the harbor, the bay, and the Kettleness headland.

I had only heard from Jonathan once since he went to Transylvania, so I was becoming anxious. I wrote to Mr. Hawkins asking if he had heard from Jonathan, and he kindly sent me the enclosed letter. But it is only a line, dated from Castle Dracula, stating that he will be starting for home the following day. It's not like Jonathan to write so little, so I am feeling rather concerned about his situation.

- □ be on holiday 휴가를 보내다
- □ seaside 해변의, 바닷가의
- □ be engaged to …와 약혼하다
- □ gothic 고딕 양식의
- □ abbey 수도원, 수녀원
- □ overlook 내려다보다
- □ churchyard 교회 경내(흔히 묘지로 쓰임)
- □ have a lovely view of …의 멋진 경관을 보다
- □ bay (작은) 만, 후미
- □ headland 곶
- □ anxious 걱정되는, 불안한
- □ enclosed 동봉된
- □ state + that절 …라고 쓰다(말하다)
- □ feel concerned about …에 대해 염려가 되다
- □ rather 다소, 꽤

8 August

Today Lucy and I went up to the churchyard, and sat quietly gazing at the beauty all around us.

As we sat lost in thought, a sailor walking nearby cried, "Look, that schooner will run aground if it stays on that course! I pray the crew will be saved."

But it was too late, and the waves forced the schooner onto the rocks where it began to break up! As it grew dark, a searchlight on Whitby pier was shone on the ship, and an enormous black dog was seen to leap ashore, and disappear into the night!

The following day, the local newspaper ran a story about the schooner, *Demeter* and the fate of its crew.

It seems that the captain was the only person left on board. When he was found, he was holding a silver crucifix and was lashed to his wheel. Sadly he was dead, but he had written of the fate of his crew in his logbook. Strange as it might sound, it said the crew had vanished one by one until only he was left! Even stranger was the cargo that the *Demeter* was reported to be carrying!

- □ gaze at …을 응시하다
- □ lost in thought 사색에 잠겨
- □ schooner (돛대가 두 개 이상인) 범선
- □ run aground 좌초하다
- □ crew (집합적) 선원
- □ force A onto B 강제로 A를 B로 몰아가다
- □ break up 부서지다, 난파되다
- □ searchlight 탐조등
- □ pier 부두
- □ enormous 거대한
- □ leap 뛰어오르다
- □ ashore 해안으로
- □ local 그 지역의
- □ run (신문 등이 기사)를 싣다
- □ fate 운명
- □ be lashed to …에 묶이다
- □ wheel (배의) 타륜
- □ logbook 항해 일지
- □ vanish 사라지다
- □ one by one 차례로, 하나하나씩
- □ be reported to + 동사원형 …라고 보도되다

Mini-Lesson

See p.138

양보의 뜻을 갖는 as

「형용사 + as + 주어 + 동사」의 구문에서 as는 '…이지만, …이더라도'라는 양보의 뜻으로 쓰인답니다.

- Strange as it might sound, it said the crew had vanished one by one.
  이상하게 들릴지도 모르지만, 항해 일지에는 선원들이 차례로 사라졌다고 적혀 있었다.
- Poor as she is, she is at least honest. 그녀는 가난하지만, 적어도 정직하다.

The cargo consisted of a large number of earth-filled crates destined for Carfax House in London. These were to be forwarded to their final destination.

12 August

Last night, I woke up with such a fright, and instantly knew that something wasn't quite right. I knocked on Lucy's door, but she wasn't in her bed. I was worried because I thought she might be sleepwalking as she had as a child. I hurried downstairs to look for her, but when I couldn't find her inside, I decided to check outside.

Thinking that she might have wandered off to our favorite seat above the harbor, I hurried along the path to the churchyard.

Just then the moon appeared from behind a cloud, and I spotted Lucy half lying on her favorite seat. But when I saw the strange, black shape bending over her, I immediately sensed that she was in danger!

"Lucy!" I cried and quickly ran to her.

By the time I reached her, the menacing black shape had vanished! Poor Lucy was clearly unwell and could barely walk, so I had to carry her back to her bed.

Apart from two small red marks on her neck, there was no evidence of any injuries. So, in an attempt to keep her safe, I locked her door and hid the key under my pillow.

□ consist of ···로 이루어지다
□ earth-filled 흙으로 채워진
□ destined for ···행의
□ be forwarded to ···로 다시 보내지다
□ final destination 최종 목적지
□ fright (섬뜩하게) 놀람, 두려움
□ instantly 즉각, 즉시
□ sleepwalk 잠결에 걸어다니다, 몽유병 증세를 보이다
□ might have + p.p. ···했을지도 모르다
□ wander off to ···쪽으로 헤매면서 가다
□ spot 발견하다, 찾다
□ sense 느끼다, 감지하다
□ menacing 위협적인, 해를 끼칠 듯한
□ unwell 몸이 좋지 않은, 아픈
□ barely 가까스로
□ apart from ···외에는, ···을 제외하고
□ evidence of ···의 흔적〔증거〕
□ injury 상처, 부상
□ in an attempt to + 동사원형 ···하기 위한 노력으로

Today Lucy and I went for a walk, and she told me about the strange dreams she had been experiencing.

"Each time I am awakened by something hammering at my door," she said. "And when I open the door, there is either a large bat or a huge black dog outside. I don't like dogs and I'm scared of bats, so it can't [1] possibly be real!"

She doesn't seem to remember what happened to her last night, so I'll wait for a better time to tell her.

19 August

For the next few nights, I heard Lucy trying to open her locked door. Then, one night, there were hurried footsteps in the hallway, and I heard Lucy scream!

I rushed to unlock her door, but it was too late! The French doors to her balcony were wide open and Lucy was nowhere to be seen. I instinctively knew where to find her, so I hurried to her favorite seat. I hoped she would be alone, but that large black bat was circling ominously above her!

I helped Lucy back to her bed, and never left her side all night. In the morning, she was very pale and listless, so I sent for her doctor, Dr. Seward who runs an asylum in London. Although he was busy, he came quickly and was deeply shocked and concerned at Lucy's appearance.

- □ hammer at …을 쾅쾅 치다〔두드리다〕
- □ be scared of …을 무서워하다
- □ hurried (주로 명사 앞에서) 서두르는
- □ hallway 복도
- □ French door (뜰로 통하는 두 짝으로 된) 유리문
- □ instinctively 본능적으로
- □ circle above …위에서 빙빙 돌다
- □ ominously 불길하게, 기분 나쁘게
- □ listless 힘이 없는, 무기력한
- □ run (사업체 등)을 운영하다
- □ asylum 정신병원
- □ be concerned at …을 걱정하다
- □ appearance 모습, 외양

1 **can't possibly + 동사원형** …일〔할〕 리가 없다

I don't like dogs and I'm scared of bats, so it can't possibly be real!
나는 개를 좋아하지도 않고 박쥐를 무서워하니까, 그것이 현실일 리가 없어!

Dr. Seward examined Lucy carefully, and said, "I can't figure it out. Her blood pressure is extremely low, and she appears to have lost a lot of blood. But there is no sign of blood on her clothes or bedding."

I pointed to the two small red marks on her neck, and asked if he thought they might be the cause of her illness.

"They look like insect bites," said Dr. Seward. "I'll send some blood samples away for testing, but we must take her home to London in case she becomes too ill to travel."

In the midst of all this turmoil, I received a letter from Budapest!

The letter was from a hospital that had been caring for Jonathan for several weeks. Apparently he stumbled into their convent and collapsed, all the time rambling about wolves, blood and vampires. Until recently no one knew who he was or where he had come from. But apparently he is more coherent now, and has managed to tell the Sister* his name, and my contact details. 여기서 Sister는 '수녀'를 뜻한답니다.

I didn't want to leave Lucy alone, so I've sent for her fiancé Arthur to take care of her while I am away. And as soon as he arrives, I will immediately set off for Budapest!

- □ figure ... out …을 이해하다〔알아내다〕
- □ blood pressure 혈압
- □ bedding 침구
- □ insect bite 곤충에 물린 상처
- □ send A away for B B를 위해 A를 보내다
- □ in case절 …하는 경우를 대비하여
- □ in the midst of …가운데
- □ turmoil 혼란, 소란
- □ care for …을 보살피다〔돌보다〕
- □ apparently 듣자〔보아〕 하니
- □ stumble into …안으로 비틀거리며 가다
- □ convent 수녀원
- □ collapse (의식을 잃고) 쓰러지다
- □ ramble about …에 대해 횡설수설하다
- □ coherent 조리 있게 말하는
- □ contact details 연락처
- □ set off for …을 향해 출발하다

Mini-Lesson

미래 시제를 대신하는 현재 시제

when, while, until, as soon as, before 등과 같은 시간을 나타내는 접속사가 이끄는 부사절에서는 미래 시제 대신 현재 시제가 쓰인답니다.

- And as soon as he arrives, I will immediately set off for Budapest!
  그리고 그가 도착하자마자 나는 즉시 부다페스트를 향해 출발할 것이다!
- How much longer will I have to wait before the doctor sees me?
  의사 선생님이 저를 만나기 전에 얼마나 기다려야 할까요?

24 August, Budapest

After a long, tiring journey, I arrived at the hospital in Budapest where Jonathan was a patient. I was distressed at his appearance: he was thin, very weak, and most of his memory has gone. But he did at least remember me! The doctor told me that Jonathan has had a terrible shock, and I fear his mind may never recover.

When he woke, he gave me his journal and said, "I do not know if what I have experienced was real or a nightmare! You may read it if you wish, but never discuss it with me unless I ask you to. Dearest Mina, I want to begin my life all over again, starting with our marriage. Will you marry me as soon as possible, so I can put this painful experience behind me?" [1]

What could I say? Of course I agreed, and while he was asleep, I left him to make the wedding arrangements.

- □ patient 환자
- □ be distressed at …에 상심하다
- □ fear+(that)절 …일까 봐 걱정이다
- □ mind 정신
- □ recover 회복되다
- □ all over again 처음부터 다시
- □ as soon as possible 가능한 한 빨리
- □ painful 고통스러운
- □ make the wedding arrangements 결혼 준비를 하다
- □ gradually 서서히, 점점
- □ improve 나아지다
- □ appetite 식욕
- □ give up ...ing …하는 것을 그만두다

26 August

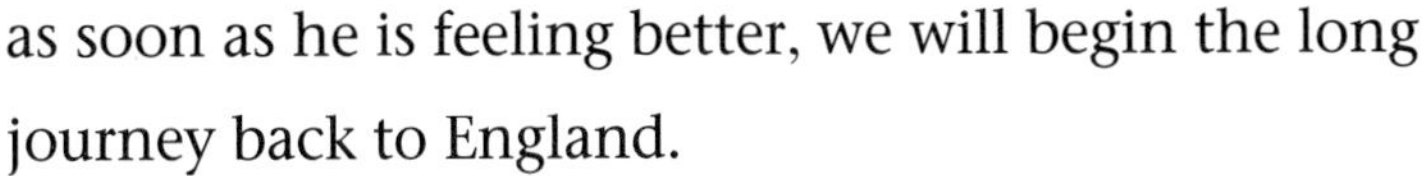

Today Jonathan and I were finally married, and now I am the happiest woman in the whole world!

My husband, oh how I love to say, "Husband!"

My husband is still weak, but gradually improving, and as soon as he is feeling better, we will begin the long journey back to England.

I also received good news from Lucy yesterday. Her appetite has returned, she is sleeping well, and she has given up sleepwalking. And she is so excited now because her wedding is set down for 28 September. Oh,[2] I do hope she will be as happy as I am now!

1 **put ... behind** (불쾌한 경험)을 잊어버리다
Will you marry me as soon as possible, so I can put this painful experience behind me?
나와 가능한 한 빨리 결혼해서 내가 이 고통스러운 경험을 잊어버릴 수 있도록 해 주겠소?

2 **be set down for + 날짜** …로 잡히다
And she is so excited now because her wedding is set down for 28 September.
또한 그녀는 매우 들뜬 상태인데 자신의 결혼식이 9월 28일로 잡혔기 때문이다.

Check-up Time!

● **WORDS**

빈칸에 알맞은 단어를 골라 문장을 완성하세요.

1 Lucy was ________ to her long-time friend.

a. enclosed b. engaged c. collapsed

2 It consisted of a lot of crates ________ for Carfax House.

a. destined b. lashed c. concerned

3 I ________ Lucy half lying on her favorite seat.

a. improved b. recovered c. spotted

● **STRUCTURE**

주어진 단어들을 어순과 문형에 맞게 쓰세요.

1 I ________ ________ ________ hear all about it!

(to, can't, wait)

2 Her wedding is ________ ________ ________ 28 September. (down, for, set)

3 ________ ________ ________ ________ ________, it said the crew had vanished one by one.

(may, sound, strange, as, it)

ANSWERS

Words | 1. b 2. a 3. c

Structure | 1. can't wait to 2. set down for 3. Strange as it may sound

• COMPREHENSION

본문의 내용과 일치하면 T, 일치하지 않으면 F에 표시하세요.

1 Mina received only one letter from Jonathan. [T] [F]

2 The captain was holding a gold crucifix. [T] [F]

3 Lucy had one small red marks on her neck. [T] [F]

4 Jonathan wanted to marry Mina as soon as possible. [T] [F]

• SUMMARY

빈칸에 맞는 말을 골라 이야기를 완성하세요.

Mina, Jonathan's (   ), was on holiday with her best friend Lucy in Whitby. There they watched a (   ) break up on the coast. Soon after that event, Lucy began to disappear at night. One night, Mina found her in the churchyard with a strange black (   ) nearby. Later, Mina received a letter from a hospital in Budapest where Jonathan was a (   ). She set off for Budapest, and they married soon after her arrival at the hospital.

a. fiancée　　b. shape

c. patient　　d. schooner

ANSWERS

Comprehension | 1.T 2.F 3.F 4.T

Summary | a, d, b, c

Lucy Is in Danger!

루시가 위험하다!

Dr. Seward's Diary
19 August, The Asylum – A Patient's Report

At 8 o'clock last night, Renfield became excited and sniffed everything just like a dog.

He kept repeating, "The master is near! The master is near!"

Then at 2 a.m., I was told that he had escaped, so I quickly dressed and ran downstairs. Renfield had fled into the grounds of Carfax House, and my men and I found him leaning against the door to the chapel. He appeared to be talking to someone, and didn't seem to notice us standing nearby.

Then he knelt down, bowed his head and said, "I am your slave, Master, and I await your commands!"

We managed to strap Renfield into a straitjacket and returned him to the asylum. When we chained him to the wall of a padded room, he screamed at times, and then fell silent. I'm sure he is planning my murder!

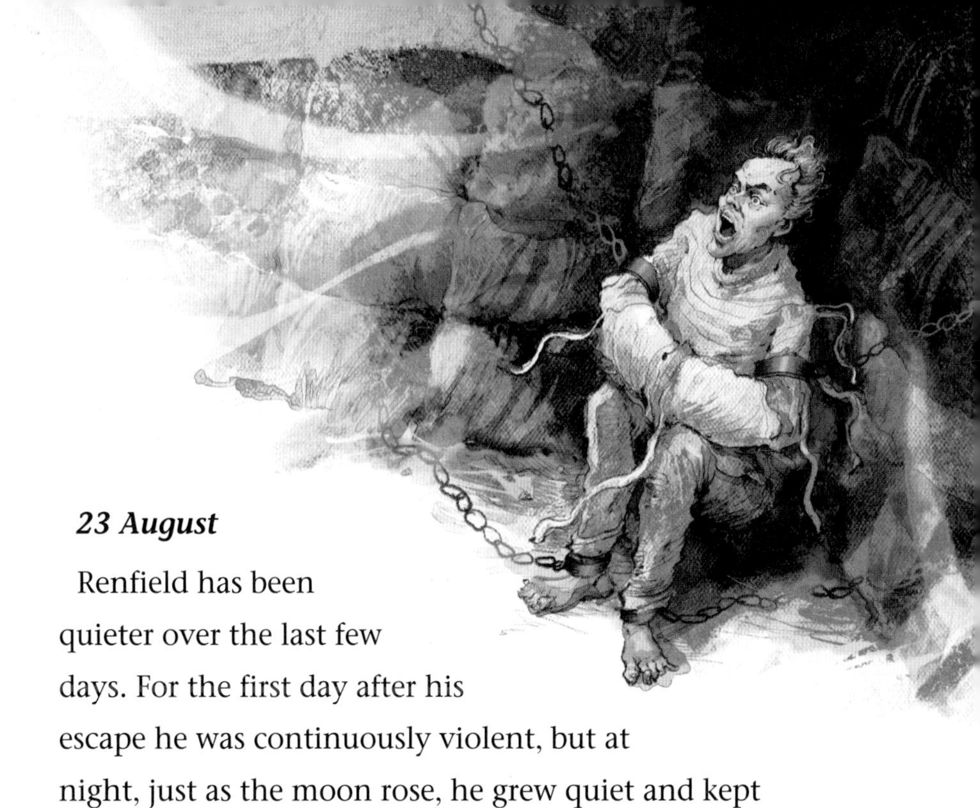

23 August

Renfield has been quieter over the last few days. For the first day after his escape he was continuously violent, but at night, just as the moon rose, he grew quiet and kept murmuring, "Now I can wait! Now I can wait!"

For three nights the same thing has happened, violent all day and then quiet from sunset to sunrise. I wish I knew the cause, so I have decided to let him escape tonight, and then my men will follow him.

- □ sniff (코를 킁킁거리며) …의 냄새를 맡다
- □ keep ...ing 계속 …하다
- □ flee 달아나다 (flee - fled - fled)
- □ grounds (건물 주위의) 뜰, 구내
- □ kneel down 꿇어 앉다
- □ command 명령
- □ strap ... into a straitjacket …에게 (정신 이상자에게 입히는) 구속복을 입혀 묶다
- □ chain A to B 사슬로 A를 B에 묶다
- □ padded room 완충재를 한 방
- □ at times 가끔, 때때로
- □ murder 살인
- □ continuously 계속해서, 연속적으로
- □ violent 난폭한
- □ from sunset to sunrise 해 질 때부터 해 뜰 때까지

Later that night

It was an hour before sunrise when I was notified that Renfield had escaped again. It didn't take us long to find [1] him in the grounds of Carfax House. At first he was furious with us, then suddenly he became calm and his eyes focused on something behind me. I turned, but all I saw was a large bat, flapping its silent and ghostly way [2] to the west!

I shall은 '나는 …하겠다'는 뜻으로 심사숙고 끝에 내린 판단이나 강한 결의를 나타낸답니다.

"You needn't tie me. I shall★ come quietly!" said [3] Renfield, and then he calmly walked back to the asylum with us. I am sure there is something ominous in his calmness, but what?

2 September

I received a letter this morning from Arthur regarding Lucy's deteriorating health. After returning to London, he stays at Lucy's house to take care of her. He said that she is getting worse every day, and thinks there might be something preying on her mind.

Arthur has also asked me to come and care for Lucy, because he needs to visit his sick father outside London. It is apparent that he is very worried about her, so I am leaving immediately for her house.

- □ be notified + that절 …라는 통보를 받다
- □ be furious with …에게 격분하다
- □ focus on (시선 등이) …에 쏠리다
- □ ghostly 유령 같은; 으스스한
- □ ominous 불길한
- □ calmness 침착, 냉정
- □ regarding …에 관하여
- □ deteriorating 악화되어 가고 있는
- □ prey on one's mind …의 마음을 괴롭히다
- □ it is apparent + that절 …임이 확실하다

1 **It takes + 목적어(A) + long to + 동사원형(B)** A가 B하는 데 시간이 오래 걸리다
It didn't take us long to find him in the grounds of Carfax House.
우리가 그를 카팩스 저택의 뜰에서 발견하는 데 시간이 오래 걸리지 않았다.

2 **flap one's way to** 날개치며 …로 날아가다
I turned, but all I saw was a large bat, flapping its silent and ghostly way to the west! 내가 돌아보았지만, 본 것이라고는 날개치며 조용히 유령처럼 서쪽으로 날아가는 커다란 박쥐 한 마리뿐이었다!

3 **need not〔needn't〕+ 동사원형** …할 필요가 없다
You needn't tie me. 나를 묶을 필요가 없소.

When I examined Lucy, I found no sign of a physical illness, however, she is very pale, and she is not her usual bubbly self. Poor Lucy complains of difficulty breathing at times, of little sleep and dreams that frighten her. She says that she used to sleepwalk when [1] she was young, and that the habit returned in Whitby.

I have come to the conclusion that Lucy must be [2] suffering from a mental illness. I'll contact my friend Professor Van Helsing in Amsterdam, who is an expert in obscure illnesses. I'm sure he will help us!

- □ physical 신체〔육체〕의
- □ bubbly (사람이) 항상 쾌활한
- □ self (어떤 사람의) 본모습
- □ complain of (고통 · 병의 상태)를 호소하다
- □ difficulty (in) ...ing …하는 데 있어서의 어려움〔곤란〕
- □ mental illness 정신병
- □ expert in …의 전문가
- □ obscure 이해하기 힘든, 모호한
- □ lose weight 살이 빠지다 (lose - lost - lost)
- □ cheekbone 광대뼈
- □ horrified 겁에 질린, 충격 받은
- □ tropical 열대 지방의
- □ shake one's head 고개를 가로젓다 (shake - shook - shaken)
- □ puncture (뾰족한 것에 찔린) 상처, 구멍
- □ legend 전설

1 **used to + 동사원형** (과거에) …하곤 했다

She says that she used to sleepwalk when she was young, and that the habit returned in Whitby.
그녀는 어릴 때 몽유병 증세를 보이곤 했는데, 그 증세가 휘트비에서 다시 나타났다고 한다.

2 **come to the conclusion + that절** …라는 결론에 도달하다

I have come to the conclusion that Lucy must be suffering from a mental illness. 나는 루시가 정신병을 앓고 있는 것이 확실하다는 결론에 도달했다.

Two days later

Professor Van Helsing arrived this morning, but Lucy was much, much worse. She has lost so much weight that her cheekbones protrude from her ghostly white face.

When Van Helsing saw the marks on her neck, he said, "This is what I thought after reading your letter about Miss Lucy. Something has been drinking her blood!"

I was horrified! I asked him if it could be tropical vampire bats, but the Professor shook his head.

"Not possible," he said. "The puncture marks, the dreams Lucy is having, and the presence of a large bat and a black dog point to the legends of vampires."

Van Helsing went downstairs and returned with a large box.

"I brought these from Amsterdam," he said.

Then he opened the box, and pulled out some small white flowers.

"These garlic flowers and a silver crucifix can repel a vampire," he explained. "Their supernatural powers are only present at night, so we must endeavor to stop him during the daylight hours."

While I watched in disbelief, Professor Van Helsing shut the windows. Then he took a handful of the garlic flowers and rubbed them all over the windows, doors and fireplace. Finally, he made a necklace of garlic flowers and hung it, and a silver crucifix around Lucy's neck.

I was perplexed and said, "But this is not medicine, Professor!"

□ garlic flower 마늘꽃
□ repel 격퇴하다, 물리치다
□ supernatural power 초자연적인 힘
□ endeavor to + 동사원형 …하려고 노력하다
□ in disbelief 불신의 눈으로, 믿어지지 않는 듯이
□ a handful of … 한 움큼
□ perplexed 당혹스러운
□ medicine 의학, 의술
□ modern science 현대 과학
□ cure 치료하다
□ make sure + that절 반드시 …하도록 하다
□ at all times 항상, 언제나
□ dramatic 극적인
□ guard A (against B) A를 (B로부터) 보호하다
□ confused 혼란스러운

“Exactly!” replied Van Helsing. “There are many things that modern science cannot cure, and I’m sure this is one of them. Unfortunately, I must return to Amsterdam, so make sure that someone stays with Lucy at all times, especially at night. Change the garlic flowers every day, keep the doors locked, and contact me if there is any dramatic change. Guard her well!”

“Guard her?” I asked myself, still confused, as Van Helsing left the room. “Guard her against what?”

A few days later

The next few days were difficult for me. I had to spend each day at the hospital, and all night with Lucy at her house. Even though it seemed unscientific, I followed the Professor's instructions, and to my utter amazement, [1] his remedy appeared to be succeeding! The color was slowly returning to Lucy's face, and the wounds on her neck were beginning to heal.

I'm not sleeping much, and I'm so tired that I often nod off when I am with Lucy at night. I have been [2] woken many times by strange sounds from outside Lucy's window. At first I thought a tree branch was brushing against the glass, but soon I realized that there was no tree near the window!

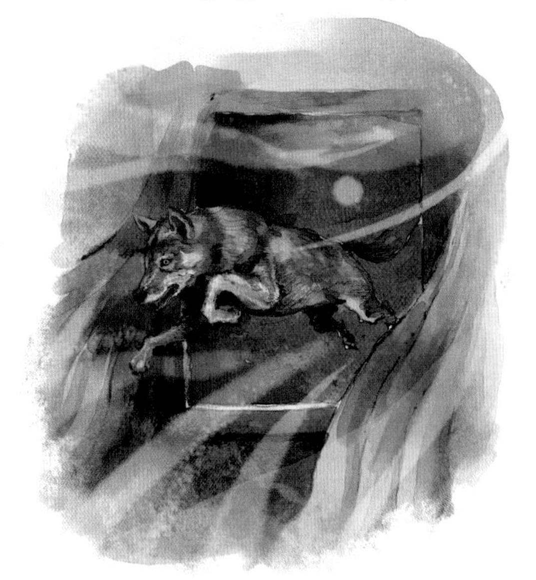

Early last evening, I was so tired that I fell asleep in my office. I dreamed that a wolf had jumped in through the window, and I awoke to an enormous crash!

Renfield had smashed open my office door, and he was coming at me with a long kitchen knife! When he stabbed my arm, I was so angry that I hit him on the head with a heavy book from my desk.

He dropped the knife and collapsed face down on the floor. Then, when blood from my wounded arm dripped onto the floor next to his face, he began to drink it!

"Blood is life!" he screamed, as the hospital guards dragged him from the room.

I was in shock, and so weak with pain and loss of blood, that I fainted to the floor.

- □ unscientific 비과학적인
- □ instruction (주로 복수형으로) 지시
- □ remedy 치료(약)
- □ wound 상처
- □ heal 치유되다, 낫다
- □ brush against …에 (살짝) 스치다
- □ awake to (소리)에 잠이 깨다 (awake-awoke-awaken)
- □ crash (커다란) 굉음
- □ smash open (문)을 부수듯 열다
- □ stab (칼같이 뾰족한 것으로) 찌르다
- □ face down 얼굴을 아래로 하고, 엎드려
- □ wounded 부상을 입은, 다친
- □ drip onto (액체가) …위로 뚝뚝 흐르다
- □ guard 경호원
- □ drag A from B A를 B에서 끌어내다
- □ be in shock 충격을 받다
- □ faint to 기절하여 …로 쓰러지다

1 **to one's utter amazement** 정말 놀랍게도

And to my utter amazement, his remedy appeared to be succeeding!
그리고 정말 놀랍게도, 그의 치료는 성공적으로 진행되는 듯 보였다!

2 **nod off** 깜빡 졸다

I'm so tired that I often nod off when I am with Lucy at night.
나는 너무나 피곤해서 밤에 루시와 함께 있을 때 종종 깜빡 존다.

I was still asleep this morning when a boy delivering a message from Amsterdam woke me. I opened the message and read, "*Very important! Do not fail to be at Miss Lucy's house. Arriving early on 19th. Van Helsing.*" [1]

Oh no! That was last night, and I failed to guard Lucy! In a panic, I left for Lucy's house at once and on arriving, I met Van Helsing who had just arrived too.

"Where have you been?" he shouted. "Why didn't you spend the night here, didn't you get my letter? Oh, I hope we are not too late!"

We tried ringing the doorbell, but there was no answer. [2] Fearing the worst, we ran to the rear of the house and looked in the kitchen windows. We were shocked to see the servants lying motionless on the floor. When Van Helsing broke the window and we rushed in, the overpowering smell of spilt wine filled the room. The servants had been drugged!

1 **not fail to + 동사원형** 반드시 …하다
Do not fail to be at Miss Lucy's house.
반드시 루시 양의 집에 있게.

2 **try ...ing** (시험 삼아) 한번 …해 보다
We tried ringing the doorbell, but there was no answer.
우리는 초인종을 한번 눌러 보았지만, 대답이 없었다.

We ran up to Lucy's bedroom, and threw open the door, and gasped in horror at the shocking scene! There on the bed lay Lucy, the wounds on her neck had reopened, and there were signs of new bites.

Van Helsing held her hand and placed his ear close to her chest.

Then he quietly said, "Go and wake the servants, and send for Arthur. Miss Lucy may die soon, and he will want to be here to say goodbye."

? The servants were lying motionless because they had been ________.

정답 drugged

- □ deliver (편지 등)을 배달하다
- □ in a panic 허둥지둥, 공황 상태로
- □ at once 즉시, 지체 없이
- □ on ...ing …하자마자 곧
- □ rear 뒤쪽
- □ motionless 움직이지 않는
- □ rush in 급히 안으로 들어가다
- □ overpowering 아주 심한(강한), 지독한
- □ spilt 쏟아진
- □ be drugged (약에) 취하다; 중독되다
- □ gasp in horror 공포로 숨이 턱 막히다
- □ reopen 다시 열리다

Mini-Lesson

도치: 장소를 나타내는 부사구 + 동사 + 주어

There on the bed lay Lucy. '침대 위에는 루시가 누워 있었다.'는 주어(Lucy)와 동사(lay)의 위치가 바뀌었는데요, 이것은 장소를 나타내는 부사구 There on the bed가 강조되어 문장의 앞 부분에 위치했기 때문이랍니다.

- Here and there over the grass stood beautiful flowers.
  잔디 위 여기저기에는 아름다운 꽃들이 피어 있었다.

Then Van Helsing examined Lucy carefully, and pointed to the strange shape of her mouth and her longer, sharper teeth. He and I kept vigil by Lucy's side until Arthur returned in a grim mood.

Quietly Van Helsing beckoned me to come closer, and pointed to Lucy's neck. I was astonished to see that the skin was smooth and unbroken.

"Look," he said, "the two red wounds have completely disappeared."

Suddenly, a cold shiver passed through my body, and I felt the presence of evil!

It was at that moment that Lucy opened her eyes, and when she saw Arthur, she said tenderly, "Come closer, [1] my love, so that I may kiss you."

Arthur moved closer, but Van Helsing grabbed his coat and pulled him back.

"Look," he said quietly to Arthur. "Haven't you noticed the changes in Lucy? See the tight skin of her face, her open mouth and her long, sharp teeth. She is no longer the Lucy you loved."

1 **명령문(A)+so that+주어+may〔can〕+동사원형(B)** B할 수 있도록 A하라
Come closer, my love, so that I may kiss you.
내가 키스할 수 있도록 더 가까이 와주세요, 내 사랑.

Just then, an angry shadow flickered over Lucy's face, and then she became pale and tired. Her short breaths gradually faded, and very soon they stopped.

"Poor girl," I said. "But thank God, it's over."

"But it's not over," whispered Van Helsing. "It's just beginning."

□ keep vigil 철야 간호〔경비〕하다
□ in a grim mood 암울한 기분으로
□ beckon + 목적어(A) + to + 동사원형(B) A에게 B하라고 손짓하다
□ be astonished to + 동사원형 …하고는 깜짝 놀라다
□ unbroken 손상되지 않은
□ shiver 전율
□ pass through …을 통과하다〔지나가다〕
□ presence 존재
□ tenderly 상냥하게, 부드럽게
□ pull ... back …을 뒤로 잡아당기다
□ flicker over …에 어른거리다
□ breath 숨결
□ fade 희미해지다

Check-up Time!

• WORDS

빈칸에 알맞은 단어를 보기에서 골라 써넣으세요.

bubbly	motionless	overpowering	modern

1 She is very pale, and she is not her usual ________ self.

2 There are many things that ________ science cannot cure.

3 When we rushed in, the ________ smell of split wine filled the room.

4 We were shocked to see the servants lying ________ on the floor.

• STRUCTURE

알맞은 것을 골라 문장을 완성하세요.

1 You needn't (tie / tying) me.

2 She used (to sleepwalk / sleepwalking) as she was a child.

3 We tried (ring / ringing) the doorbell, but there was no answer.

4 (To / For) my utter amazement, the color was returning to Lucy's face!

ANSWERS

Words | 1. bubbly 2. modern 3. overpowering 4. motionless

Structure | 1. tie 2. to sleepwalk 3. ringing 4. To

● COMPREHENSION

다음은 누가 한 말일까요? 기호를 써넣으세요.

a. 
Renfield

b. 
Lucy

c. 
Van Helsing

1 "Do not fail to be at Miss Lucy's house." _____

2 "Come closer, my love, so that I may kiss you." _____

3 "I am your slave, and I await your commands!" _____

● SUMMARY

빈칸에 맞는 말을 골라 이야기를 완성하세요.

> Dr. Seward asked Van Helsing, who was an expert in (   ) illnesses, to examine Lucy. When Van Helsing arrived, he acted very strangely. He rubbed (   ) flowers around Lucy's room and told Dr. Seward to watch her every night. She began to improve, but one night when Dr. Seward failed to guard her, Lucy's health quickly became (   ). Before she died, Van Helsing noticed a change in Lucy's (   ) which had grown long and sharp!

a. teeth b. obscure c. garlic d. worse

ANSWERS

Comprehension | 1. c 2. b 3. a
Summary | b, c, d, a

CHAPTER 6

The Bloofer Lady

아름다운 여인

- □ bloofer (고어) 아름다운
- □ uneventful 특별한 일이 없는
- □ most of the way 대부분, 내내
- □ gasp 헉 하고 숨을 쉬다
- □ be anxious about …에 대해 염려하다
- □ nervous fit 신경 발작
- □ upset …의 마음을 휘젓다; (마음이) 동요한, 당황한
- □ disturb 불안하게 만들다, 어지럽히다
- □ bulge out 툭 불거지다
- □ in terror 두려움에 차서, 공포로
- □ beaky 부리 모양의
- □ pointed beard 끝이 뾰족한 턱수염
- □ take one's eyes off …에서 눈을 떼다

Mina Harker's Diary
22 September

Our train journey to London was uneventful. Jonathan slept most of the way, and awoke refreshed. From the railway station we took a bus to Hyde Park Corner, and then walked to Piccadilly Square.* I had stopped to look in a shop window, when I heard Jonathan gasp, then whisper, "My God!"

*피커딜리 광장은 런던 시 중앙에 있는 가장 번화한 구역이에요.

I am always anxious about Jonathan, for I fear that some nervous fit may upset him again. So I turned to him quickly, and asked what had disturbed him. He had turned very pale, and his eyes seemed to bulge out in terror.

He was staring at a tall, thin man, with a beaky nose, black moustache and pointed beard. The man did not see us, for he was staring at a pretty girl in a carriage. Jonathan couldn't take his eyes off him, so I asked him why he was so upset.

"That is Count Dracula!" he said.

Which is true about the trip to London?

a. The train journey was full of events.
b. Jonathan slept most of the way.
c. Mina was shocked to see Dracula.

Poor Jonathan was obviously terrified, and he might ☀ have collapsed if I hadn't been holding his arm. Just then, a lady came out of the shop and climbed into the carriage. As they set off, the strange man hailed a carriage and set off after them.

Jonathan kept repeating, "It's the Count, but he looks so young! Oh, my God! My God!"

Jonathan was so distressed that I tried to distract him and led him to a shady seat in a nearby park. After a few minutes, he closed his eyes, and went to sleep with his head on my shoulder. About twenty minutes later he woke up, and said, "Have I been asleep, Mina? Let's go and have a cup of tea."

It seemed he had forgotten the dark stranger, but I think the time has come for me to read his journal.

Mini-Less☀n

가정법 과거완료

과거의 사실과 반대되는 가정을 하고 싶을 때는 「If + 주어 + had + p.p., 주어 + would/ could/should/might + have + p.p.」 형태를 써서 나타내요. '만약 …했다면 ~했을 것이다'라는 뜻이죠. 주절과 if로 시작되는 종속절의 위치는 바뀔 수도 있답니다.

- He might have collapsed if I hadn't been holding his arm.
  내가 그의 팔을 잡고 있지 않았다면, 그는 쓰러졌을 것이다.
- If you had studied harder, you would have passed the test.
  더 열심히 공부했다면, 너는 시험을 통과했을 것이다.

Later

It is a sad homecoming for us! We received a letter from Van Helsing who had cared for Lucy during her illness. He told us that dear, dear Lucy died three days ago and was buried today. I cannot bear the thought that I will never see her again! Jonathan and I are sad, but poor Arthur has lost the love of his life! God help us all bear our troubles.

- □ obviously 분명히, 확실히
- □ terrified 겁에 질린, 두려워하는
- □ climb into (기둥이 차)에 타다
- □ hail (마차 등)을 부르다
- □ distract …의 주의를 딴 데로 돌리다
- □ shady 그늘이 드리워진
- □ with one's head on …을 베고, 머리를 … 아래에 받치고
- □ homecoming (집으로의) 귀향
- □ bear 견디다, 참다

23 September

This morning, I locked myself in my room and read Jonathan's journal. It upset me greatly, and whether it is true or just his imagination, he has certainly suffered a great deal. And he was certain that he recognized the man we saw yesterday!

This afternoon I received a telegram from Dr. Van Helsing. He said that he had been reading Lucy's letters and papers, and discovered some important matters that he wished to discuss with me. He wanted to visit me here, so I sent him a telegram saying that I could meet him anytime. I am excited about Professor Van Helsing's visit because I may learn more about poor Lucy's death.

Two days later

The Professor came and went yesterday, and what a strange meeting we had! My head is still whirling from it! I gave him my diary and Jonathan's journal to read, and he said he would return them today.

1 **be positive + (that) 절** …임을 전적으로 확신하다
Jonathan is positive it was Count Dracula that he saw in London.
조나단은 그가 런던에서 보았던 것이 드라큘라 백작임을 전적으로 확신한다.

Professor Van Helsing has finished reading them, and today he has come to meet Jonathan. The Professor believes Jonathan's story, so at last we have found someone who does not doubt him. Jonathan is positive [1] it was Count Dracula that he saw in London, and Van Helsing may be the only man who can destroy him.

19세기 말부터 20세기 초까지 런던에서 발간된 영향력있던 일간지예요.

THE WESTMINSTER GAZETTE★

25 September

A MYSTERY!

During the past three days, several cases of young children straying from home have been reported. The children have all said the "Bloofer Lady" took them. It is always in the evening when they go missing, and all of the children have returned with wounds on their necks.

- □ lock oneself in …에 틀어박히다
- □ whether A or B A든지 혹은 B든지
- □ imagination 상상
- □ suffer (고통 등)을 겪다
- □ a great deal 상당량
- □ be certain+that절 …을 확신하다
- □ telegram 전보
- □ whirl from …로 혼란스럽다
- □ doubt 의심하다, 믿지 않다
- □ destroy 죽이다, 없애다
- □ stray from …에서 (벗어나) 길을 잃다
- □ go missing 행방불명이 되다

Dr. Seward's Diary
26 September

It's less than a week since Lucy's funeral, and yet here I am, starting afresh.

Today, Van Helsing came back from Mina's house, bounded into the room, and thrust a copy of the[1] "Westminster Gazette" under my nose.

"Have you seen this?" he asked, pointing to the report about the "Bloofer Lady."

He waited for me to speak, but I didn't know what he meant. I read it carefully and commented about the similarity to Lucy's injuries.

Then an idea struck me and I said, "Whatever it was ☀ that injured Lucy must have injured the children."

1 **thrust A under B's nose** A를 B 앞에 들이밀다
Today, Van Helsing came back from Mina's house, bounded into the room, and thrust a copy of the "Westminster Gazette" under my nose. 오늘 반 헬싱은 미나의 집에서 돌아와 방으로 뛰어 들어와서는 '웨스트민스터 가제트' 지 한 부를 내 앞에 들이밀었다.

But Van Helsing said, "No, my friend, it is worse than you can imagine. A different vampire drank the children's blood. I wish I were wrong, but I am absolutely sure it was Lucy who bit the children's necks!"

I thought he was mad to think such a thing!

"I know it is hard for you to believe," he continued. "So to prove it's true, we will visit Lucy's tomb at night. Arthur must be persuaded to come with us, for I need his permission."

At first Arthur didn't want to believe the Professor, but after a lot of encouragement, he finally agreed to come.

- □ funeral 장례식
- □ afresh 새로, 새롭게 다시
- □ bound into …로 뛰어 들어오다
- □ comment about …에 대해 말하다
- □ similarity to …와의 유사성
- □ strike (생각 등이) …에게 갑자기 떠오르다
- □ absolutely 전적으로, 틀림없이
- □ be mad to + 동사원형 …하다니 미치다
- □ prove + (that)절 …임을 증명하다
- □ be persuaded to + 동사원형 …하도록 설득되다
- □ permission 허락, 승인
- □ encouragement 격려, 자극, 유인

Mini-Lesson

Whatever + 주어(A) + be동사: A가 무엇이든
Whatever + 주어(A) + 동사(B): A가 B하는 것이 무엇이든

- Whatever it was that injured Lucy must have injured the children.
  루시에게 상처를 입힌 그것이 무엇이든 아이들에게도 상처를 낸 것이 틀림없습니다.
- Whatever you have to say is not important. 네가 말해야 하는 것이 무엇이든 중요하지 않다.

29 September

Sometime after midnight, the three of us gathered at Lucy's tomb. We were in for a shock when the Professor [1] opened her coffin! It was empty!

"Now we can only wait!" he said.

So, in the darkness we waited for what we weren't [2] sure. The churchyard was definitely scary, so I was pleased that I wasn't alone! The tombstones shone white in the moonlight like the bones of the dead, and the wind whistled through the tall grass. Then, all of a sudden the wind died away, and there was a deep, dreamlike silence all around us.

Before too long we heard a sound, and observed a ghostlike figure coming toward us. When the figure stepped out of the shadows and passed through a pool of moonlight, we all gasped in horror!

It was Lucy and she was carrying a small child in her arms! Her lips were wet with the child's blood, and it ran down her face and colored the white dress that she was wearing.

1 **be in for** (곧 불쾌한 일·충격 등)을 받게(맞게) 될 상황이다
We were in for a shock when the Professor opened her coffin!
교수가 그녀의 관을 열면 우리는 충격을 받게 될 상황이었다!

- coffin 관
- scary 무서운, 겁나는
- the dead 죽은 자(들)
- whistle through …을 가르며 지나가다
- all of a sudden 갑자기
- die away 잦아들다
- dreamlike 마치 꿈 같은
- before too long 너무 오래지 않아
- observe 보다, 목격하다
- ghostlike 유령 같은
- figure 형상, 모습
- step out of … 밖으로 나가다
- pool (빛 · 액체가 웅덩이처럼) 고여 있는 곳
- color 물들이다

2 **what we weren't sure (of)** 우리가 확신하지 못했던 것

So, in the darkness we waited for what we weren't sure (of).

그래서 어둠 속에서 우리는 우리가 확신하지 못했던 것을 기다렸다.

When Van Helsing stepped in front of her, Lucy was furious, and snarled and growled at him. She hissed like an angry cat and dropped the child in the long grass. But when she saw Arthur, she became the sweet Lucy she had once been, and said softly, "Come to me, Arthur. You don't need your friends, now that I'm here!"

Arthur seemed hypnotized and before we could stop him, he began walking toward her! Van Helsing leapt forward with his gold cross just as Lucy was about to sink her teeth into Arthur's neck.[1] In a rage, she howled at him and disappeared into the tomb.

For a moment there was silence, and then Van Helsing turned to Arthur and asked, "Now do I have your permission?"

Poor Arthur fell to his knees, and with tears rolling down his face, he cried, "Do whatever you have to do, Professor!"

"The sun is starting to rise, and we must get ready!" said Van Helsing.

1 **sink one's teeth into** …을 물다(뜯다)
Van Helsing leapt forward with his gold cross just as Lucy was about to sink her teeth into Arthur's neck.
루시가 막 아서의 목을 물려고 할 때 반 헬싱이 금 십자가를 들고 갑자기 앞으로 나갔다.

As the sky lightened, we went back into the tomb, and removed the lid of Lucy's coffin. She appeared to be asleep and looked more beautiful than ever, except for the child's blood drying on her lips.

□ snarl (화가 나서) 으르렁거리다 (= growl)
□ hiss 쉬익 하는 소리를 내다
□ now + that절 이제 …이니까
□ hypnotized 최면에 걸린
□ leap forward 갑자기 앞으로 나가다
□ roll down (눈물 등이) …밑으로 흘러내리다
□ lighten 밝아지다; 빛나다

"Vampires never die of old age," said Van Helsing. [1] "They live forever on the blood of others. Lucy has already attacked the children, so we can free her soul from this atrocious existence. You must set your beloved Lucy free, Arthur!"

"Tell me what to do!" sobbed Arthur.

Van Helsing opened his bag, and took out a heavy hammer and a long, thick wooden stake. He handed them to Arthur and said, "Hold this stake above her heart. Then, when I have read★ this prayer to the undead, strike the stake with the hammer until it goes all the way through her heart!" [2]

★ 때나 조건을 나타내는 부사절에서는 미래완료 대신 현재완료를 쓴답니다.

When the prayer had ended, Arthur struck the stake with all his strength, again and again! Tears streamed down his face as Lucy's body jumped and turned as if an electric shock had raced through her.

Finally, she stopped, and Van Helsing said, "Look, Arthur, see how peaceful Lucy looks now!"

1 **die of** (노령 · 질병)으로 죽다
Vampires never die of old age. 흡혈귀는 결코 노령으로 죽지 않소.

2 **all the way through** …을 뚫고 끝까지
Strike the stake with the hammer until it goes all the way through her heart! 그녀의 심장을 뚫고 끝까지 갈 때까지 말뚝을 망치로 내리치시오!

It was true! Lucy was no longer the terrible vampire she once was. Her skin was a pretty shade of pink, her long fangs had gone, and there was no trace of blood on her lips. At last she was free! Arthur kissed her one last time and walked out into the daylight.

? Van Helsing took a hammer and a ________ out of his bag.

정답 stake

- □ live on …을 먹고 살다
- □ free A from B A를 B에서 풀어주다〔빼내다〕
- □ atrocious 끔찍한, 흉악한
- □ existence 존재
- □ set ... free …을 자유롭게 해 주다
- □ stake 나무 막대, 말뚝; 말뚝을 박다
- □ hand A to B A를 B에게 건네주다
- □ the undead 완전히 죽지 않은 자들
- □ with all one's strength 온 힘을 다해
- □ stream down …을 타고 흘러내리다
- □ electric shock 전기 충격
- □ race through …을 관통하다
- □ shade 색조
- □ fang 송곳니
- □ trace 흔적
- □ one last time 마지막으로 한 번

Mini-Lesson

as if+주어+가정법 과거완료 (had+p.p.): 마치 …했던 것처럼

「as if+주어」 다음에 가정법 과거완료, 즉 「had+p.p.」가 오면 주절보다 이전에 일어난 사실을 가정하는 표현이 만들어진답니다.

- Lucy's body jumped and turned as if an electric shock had raced through her.
  루시의 몸은 마치 전기 충격이 관통했던 것처럼 튀어 오르고 휘어졌다.
- She acts as if she had never seen me before.
  그녀는 마치 전에 나를 본 적이 없었던 것처럼 행동한다.

Check-up Time!

● **WORDS**

퍼즐의 빈칸에 들어갈 알맞은 철자를 써서 단어를 완성하세요.

			3				4	
							d	
1			s					
2							r	

Across

1. 보다, 목격하다
2. 불안하게 만들다

Down

3. (생각 등이) …에게 갑자기 떠오르다
4. 죽이다, 없애다

● **STRUCTURE**

빈칸에 알맞은 단어를 골라 문장을 완성하세요.

1 Lucy was about to sink her teeth ________ Arthur's neck.

a. with b. into c. without

2 Van Helsing thrust a copy of the "Westminster Gazette" ________ my nose.

a. under b. in c. by

ANSWERS

Words | 1. observe 2. disturb 3. strike 4. destroy

Structure | 1. b 2. a

● COMPREHENSION

다음 중 Jonathan과 Mina가 런던에서 본 Dracula에 대한 설명 중 틀린 것을 고르세요.

a. He was tall, thin and had a beaky nose.

b. He had a white moustache and pointed beard.

c. He looked younger than he had been in Transylvania.

d. He was staring at a pretty girl in a carriage.

● SUMMARY

빈칸에 맞는 말을 골라 이야기를 완성하세요.

After Lucy's funeral, several young children went missing and returned with (　　) on their necks. Van Helsing was sure it was Lucy who attacked the children. So he went with Dr. Seward and Arthur to Lucy's (　　). When they saw Lucy with her lips wet with the (　　) of the children, they realized Lucy had become a vampire. Then, as the sky lightened, Arthur struck a wooden (　　) with the hammer through her heart until she was no longer a vampire.

a. blood　　b. wounds　　c. tomb　　d. stake

ANSWERS

Comprehension | b
Summary | b, c, a, d

Life or Death!

사느냐 죽느냐!

Dr. Seward's Diary Continued
30 September

The day after we killed Lucy the vampire, we gathered at my home in London to discuss what to do next. Van Helsing had earlier sent a telegram to Jonathan and Mina, explaining Lucy's death, and asking them to join us. While we waited for their arrival, he told us Jonathan and Mina's stories.

We were in my study as they arrived, and when we were all comfortably seated, Professor Van Helsing opened the meeting.

- □ arrival 도착
- □ be seated 앉다, 착석하다
- □ comfortably 편안하게
- □ eliminate 없애다, 제거하다
- □ those that〔who〕+동사 …하는 사람들
- □ be forced to+동사원형 …하도록 강요당하다, 어쩔 수 없이 …하다
- □ exceptional 가공할 만한, 대단한
- □ fend off …의 공격을 막다
- □ intelligence 지능
- □ without equal 필적할 것이 없는
- □ crack 틈, 틈새
- □ be confined to …에 갇혀 있다, …에서 꼼짝 못하고 있다
- □ track A to B A를 B까지 추적하다
- □ inmate (정신병원) 입원 환자

“We must eliminate the evil Count Dracula,” he said. “All those that are forced to drink his blood, become his slaves! He has such exceptional strength that he can fend off twenty men, and his intelligence is without equal. He can become a wolf, a bat, or even a fine mist that moves through the tiniest cracks. But, he has one weakness! Between sunrise and sunset he has no supernatural powers and is confined to his crate like the truly dead. Therefore that is the time we will end his life.”

“But we need to know where the crates are,” I said.

“We do know,” replied Van Helsing. “Jonathan has tracked the Count’s crates to Carfax House. They are only a hundred meters from where we sit now!”

“Carfax House?” I cried.

“Dracula owns Carfax House,” Jonathan explained. “I know because I helped him to purchase it, and I’m sure the crates are there!”

“So that’s why Renfield, one of my inmates, escaped and ran to the chapel in the grounds of Carfax House,” I said. “We should check there first!”

“So what are we waiting for?” said Arthur. “Let’s go and get him!”

"Not so fast, we must first prepare ourselves," said Van Helsing, as he handed each of us a small bunch of garlic flowers. "They will protect you, so don't lose them!"

Although Mina wanted to go, Van Helsing would not let her accompany us.

"Now, Mina my dear," he said firmly, "you must stay here, because this is not women's work."

So Mina remained at my house to rest, while we hurried to Carfax Chapel. The chapel door was locked when we arrived, but we managed to force it open and went inside. The floor was dirty, and a disgusting smell almost overpowered us!

"I know that smell," said Jonathan. "It's Dracula's breath!"

We looked around the room, and noticed that the crates had been piled against the walls.

Mini-Lesson

would not: (과거의 고집 · 거절) …하려 하지 않았다

- Although Mina wanted to go, Van Helsing would not let her accompany us.
  미나는 가기를 원했지만, 반 헬싱은 그녀가 우리와 함께 가는 것을 허락하려 하지 않았다.
- She would not change it, even though she knew it was wrong.
  그녀는 그것이 잘못된 것인 줄 알면서도 바꾸려 하지 않았다.

Van Helsing had brought with him a small bag of sacred wafers, the same ones that are used to symbolize Christ's body in church. And as we opened each crate, he said a short prayer and placed a wafer into each one to keep away vampires!

- □ prepare oneself 준비를 갖추다
- □ accompany …와 함께 가다
- □ firmly 단호히, 확고히
- □ force ... open …을 억지로 열다
- □ disgusting 역겨운, 구역질 나는
- □ overpower 압도하다
- □ be piled against …에 기대어 쌓여 있다
- □ sacred wafer (가톨릭교에서 성찬식 때 신부가 주는) 제병
- □ symbolize 상징하다
- □ say a prayer 기도를 드리다
- □ keep away …가 가까이 오지 못하게 하다

We started to open the last crate, but Arthur suddenly cried out, "I think I saw a face, just for a second! It was a small, pale face with sharp, red eyes and an evil mouth!"

Then he pointed to one of the dark passages leading from the chapel. Van Helsing held his light up, and walked in the direction that Arthur had indicated. But he saw nothing!

"It was probably just a shadow," he said.

Then he stepped back so suddenly that we all jumped [1] with fright! We looked around, and from every shadowy corner and passage, numerous small red fires appeared! Then, out of nowhere, the rats came swarming toward us. There were hundreds, no, thousands of them, and their tiny red eyes glowed in the darkness!

- □ hold ... up …을 들어 올리다
- □ direction 방향, 쪽
- □ indicate (손으로) 가리키다
- □ step back 뒤로 물러나다
- □ shadowy 그늘이 진, 어둑어둑한
- □ swarm toward …쪽으로 우글우글 모여들다
- □ glow 빛나다, 타다
- □ bite at …을 물려고 하다, …에 덤벼들다 (*cf.* bite 물다)
- □ breathe in …을 들이마시다

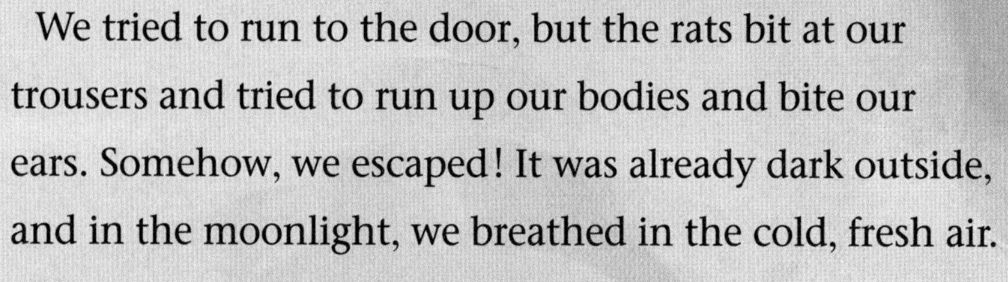

We tried to run to the door, but the rats bit at our trousers and tried to run up our bodies and bite our ears. Somehow, we escaped! It was already dark outside, and in the moonlight, we breathed in the cold, fresh air.

"We must come back tomorrow and destroy the last crate," said Van Helsing, quietly.

1 **jump with fright** 화들짝 놀라다
Then he stepped back so suddenly that we all jumped with fright!
그러고는 그가 너무도 갑작스럽게 뒤로 물러나서 우리 모두는 화들짝 놀랐다!

At twenty minutes past twelve, just as we returned home from Carfax chapel, a sharp scream ripped through the still night air. It had come from Mina's room! We all ran to her door and tried to open it, but it was locked. Jonathan was so anxious for Mina's safety that he threw himself at the door with such force that it burst open. The sight that met us almost froze our blood!

Dracula, clad in black, stood by the far wall with his right arm holding Mina's head to his chest! He was forcing her to drink the blood that flowed down his [1] chest from a wound in his neck. His eyes glowed like red-hot embers, and his mouth hung open showing his bloodied fangs!

When he saw us, he screamed and threw Mina onto the bed. At the same time, Van Helsing rushed forward and pointed his gold cross at Dracula. Then, a mist rolled into the room, and when it cleared later, Dracula was gone!

1 **force + 목적어(A) + to + 동사원형(B)** A에게 강제로 B하게 하다
He was forcing her to drink the blood that flowed down his chest from a wound in his neck.
그는 자신의 목 상처 부위에서 가슴으로 흐르는 피를 그녀에게 강제로 마시게 하고 있었다.

- □ rip through …을 가르며 지나가다 (rip-ripped-ripped)
- □ still 고요한
- □ safety 안전, 안부
- □ throw oneself at …에 몸을 던지다 (throw-threw-thrown)
- □ burst open 벌컥 열리다
- □ clad in …(옷)을 입은
- □ red-hot 시뻘겋게 단, 작열하는
- □ ember 장작 · 숯이 타다 남은 것
- □ hang open 열려 벌어져 있다 (hang-hung-hung)
- □ bloodied 피투성이의
- □ rush forward 뛰쳐나가다, 돌진하다
- □ roll into …안으로 밀려 들어오다
- □ clear (안개 · 연기 등이) 걷히다

Poor Mina was in shock, and her face and white nightgown were covered in blood. She lay quietly on the bed, and it was some time before she had the energy to speak.

"It was like a dream," she said weakly, "I was almost asleep when a man with glowing red eyes appeared beside my bed. Then he took my hands, and all my strength left me. Oh, how I wish I couldn't remember [1] what happened next!"

"Take your time, Mina my dear," said Van Helsing.

"He tore open his neck with his fingers, and made me drink his blood!" she continued. "He told me that now he and I are of one blood and one mind. Please tell me I am not like him! Tell me it's not true!"

Nobody spoke! What could we say to comfort her? Then Van Helsing took her hands and said, "Shhh, we promise we'll keep you safe, and if Dracula thinks he has won, he is sadly mistaken."

□ be covered in …로 덮이다
□ it is some time + before절 …하기까지 시간이 좀 걸리다
□ take one's time 천천히 하다, 서두르지 않고 하다
□ tear open …을 찢어서 열다 (tear-tore-torn)
□ of one blood 한 피의
□ comfort 위로하다
□ be sadly mistaken 대단한 오산이다
□ watch over …을 보살피다〔보호하다〕

The next day

None of us had much sleep last night, and after breakfast this morning, we left Jonathan to watch over Mina. But when we returned to Carfax, we could not find the last crate. It was missing!

"We should have destroyed it yesterday!" said Van Helsing. [2]

Disappointed, we returned to Mina's room, and asked her how she felt. ☀

"I'm a little tired," she said, "and I keep dreaming that I'm on a boat, and I can hear water!"

1 **how I wish + 주어 + 과거 동사(가정법 과거)!** …하면 얼마나 좋을까!
Oh, how I wish I couldn't remember what happened next!
오, 내가 그 다음에 일어난 일을 기억하지 못하면 얼마나 좋을까!

2 **should have + p.p.** …했어야 했다
We should have destroyed it yesterday!
우리는 어제 그 상자를 못 쓰게 만들었어야 했어!

Mini-Less☀n

being의 생략

See p.139

분사 구문의 주어가 주절의 주어와 같고, being으로 시작할 경우 being을 생략한답니다.

- (Being) Disappointed, we returned to Mina's room, and asked her how she felt.
  우리는 실망한 채 미나의 방으로 돌아와 그녀에게 기분이 어떤지 물었다.
- (Being) Very sick, I couldn't go to school.
  나는 매우 아파서 학교에 갈 수 없었다.

I turned to Van Helsing and asked, "Do you think that Mina reads Dracula's mind when she sleeps?"

"Yes, I do!" replied Van Helsing. "Her dreams seem to be telling us that Dracula is leaving the country by sea, in his last crate!"

"That's it!" cried Jonathan. "He's returning to Transylvania!"

"Yes, I agree," said Van Helsing. "For Mina's sake, we must follow him and destroy him. If we are too late, Mina will suffer the same fate as Lucy."

Later that day, we found out which ship Dracula was sailing on. It was the *Czarina Catherine*, but it had sailed [1] early this morning on its voyage to the Black Sea*! The ship's office said that a tall, thin man dressed in black arrived hurriedly at dawn and asked which ship sails for the Black Sea. They remembered him because of his unusual facial features and strange accent. Apparently he had only minutes to spare to load his crate before the ship left port!

* 흑해는 유럽 남동부와 러시아 사이에 있는 내해(內海)예요.

□ by sea 배편으로, 뱃길로
□ for one's sake …을 위하여
□ fate (좋지 않은) 운명
□ office (집합적) 사무소 직원들
□ minutes to spare 남은[여분의] 몇 분
□ make arrangements to+동사원형 …할 준비를 하다
□ overland 육로로
□ befall (안 좋은 일이) …에게 닥치다
□ over the sea(s) 해상으로

We immediately made arrangements to follow Dracula to his castle. Van Helsing and Mina were to travel overland to Dracula's castle. He is the only one of us who knows how to protect Mina from any evil that might befall her. The rest of us would take a fast ship and follow Dracula over the seas.

1 **sail on one's voyage to** …로 항해에 나서다
It was the *Czarina Catherine*, but it had sailed early this morning on its voyage to the Black Sea!
그 배는 '예카테리나 여제' 호였는데, 오늘 아침 일찍 흑해로 항해에 나섰다!

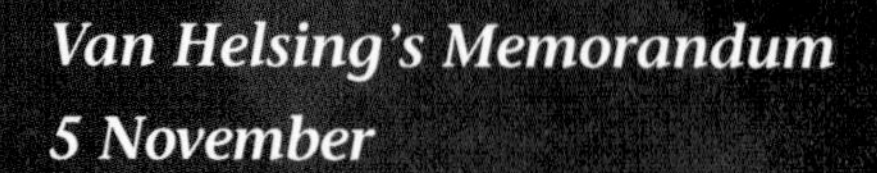

Van Helsing's Memorandum
5 November

I am watching carefully for any changes in Mina. I have noticed that some of her teeth are sharper, and at times her soft eyes become unusually hard. It seems that the vampire blood is working slowly in Mina's body.

Today Mina and I arrived outside the mist-covered walls of Castle Dracula. We pulled off the track, and [1] stopped under some trees. It was getting colder, so I lit a small fire and Mina sat beside it, deep in thought.

Soon darkness fell, and the only sounds came from the horses as they shuffled among the dry leaves. Although I was tired, I could not sleep, for I had to watch Mina. When the first lights of dawn appeared, the horses suddenly screamed in terror! I saw three beautiful young women dancing slowly toward us. They could only be the women Jonathan had encountered!

They reached out their arms, calling to Mina, and I could feel her growing excitement. But, before she could move, I picked up a piece of burning wood, and threw it at them. They turned around, and snarling and swearing, ran back to the castle.

In the silence that followed, I watched Mina. When a strange look appeared on her face, I knew it wouldn't be safe to fall asleep in her presence. It was obvious that she was becoming a vampire!

- □ memorandum 비망록, 메모
- □ watch for …이 발생하기를 기다리다〔지켜보다〕
- □ work 영향을 미치다, 작용을 하다
- □ mist-covered 옅은 안개가 덮인
- □ deep in thought 생각에 깊이 잠긴 채
- □ shuffle among …사이에서 이리저리 움직이다
- □ encounter 마주치다, 맞닥뜨리다
- □ reach out (팔 등)을 뻗다
- □ swear 욕을 하다
- □ in one's presence …이 있는 곳에서

1 **pull off the track** 길에서 벗어나다
We pulled off the track, and stopped under some trees.
우리는 길에서 벗어나 나무 아래 멈췄다.

Dr. Seward's Diary
6 November

Jonathan, Arthur, and I followed fresh wheel tracks in the snow, so we knew we weren't far behind Dracula's wagon. It was a race against time! But even though we rode all day without stopping, we could not catch Dracula's wagon. It was too fast! As the sun slowly sank, we knew we had little time to finish what we had come here to do. We were now getting nearer and nearer to Dracula's wagon and to his castle.

Suddenly, a shot rang out from nearby! We pulled out our weapons and pushed our tired horses forward. The final battle was about to begin! A little way ahead, we came across some gypsies guarding their wagon.

They were armed with large daggers, and they were ready to use them. But in front of them, in the middle of the track, stood Van Helsing with his rifle! We charged at the gypsies, screaming and brandishing our weapons. They tried to fight, but soon turned tail and headed for the mountains, leaving their cargo behind.

- □ race against time 시간과의 싸움
- □ sink (해가) 서서히 지다 (sink-sank-sunk)
- □ ring out 크게 울리다 (ring-rang-rung)
- □ pull out …을 뽑다
- □ push ... forward …을 밀어붙여 앞으로 나아가게 하다
- □ come across (우연히) 마주치다, 발견하다
- □ be armed with …로 무장하다
- □ dagger 단검, 단도
- □ rifle 라이플총, 소총
- □ charge at …을 향해 돌진하다
- □ brandish (무기)를 휘두르다
- □ turn tail 꽁무니를 빼다, 달아나다
- □ head for …로 향하다

"Hurry, get the lid off that crate while I fetch the stake and hammer," shouted Van Helsing.

But we had brought nothing with us to lever off the lid, so we smashed it with rocks and heavy branches.

"Quickly, quickly, the sun is well down, and I think I can feel Dracula beginning to stir," shouted Van Helsing.

Gradually, as we pulled away the lid, we saw Dracula's evil face appear. His body started to move, his mouth was moving, and his eyes were open! Those evil eyes looked triumphantly toward the sinking sun. Were we too late?

At that moment, Van Helsing held the stake over Dracula's heart and struck it with his hammer, over and over again! A long, terrible scream came from Dracula's wide-open mouth, and brought Mina out of her hiding place under the trees. We all watched as his arms and legs thrashed about as he tried to escape his certain death! When all movement had stopped, his body shriveled into a fine powder and was carried away by the wind.

As we turned to watch Mina, the red shimmer of the setting sun fell upon her lovely face. We knew instantly that we no longer had any reason to be afraid of her. Her long teeth, the unnatural color of her skin, and the strange look in her eyes had completely disappeared.

Jonathan took Mina's hand and held her tightly in his arms. Her beauty and courage shone in the darkness like a beacon of light, and he knew that she was once again the Mina he loved!

- □ get A off B A를 B에서 떼어 내다
- □ lever off 지렛대로 움직여 …을 열다
- □ well down 상당히〔꽤〕 내려간
- □ stir 움직이다, 꿈틀거리다
- □ pull away …을 떼어〔끌어〕 내다
- □ triumphantly 의기양양하게
- □ over and over again 연이어, 연속하여
- □ bring A out of B A를 B에서 나오게 하다
- □ thrash about 이리저리 몸부림치다
- □ shrivel into …로 오그라들다
- □ be carried away by …에 휩쓸려 가다
- □ shimmer 희미한 빛
- □ hold ... in one's arms …을 품에 안다
- □ a beacon of light 한 줄기 불빛, 표시등

● WORDS

단어와 단어의 뜻을 서로 연결하세요.

1 inmate •	• a. a short swordlike weapon
2 crack •	• b. a patient who is living in a mental hospital
3 ember •	• c. a very narrow gap between two things
4 dagger •	• d. a small live piece of coal or wood as in a dying fire

● STRUCTURE

빈칸에 알맞은 것을 골라 문장을 완성하세요.

1 The ship had sailed ________ its voyage to the Black Sea.

a. on b. to c. for

2 Dracula was forcing her ________ his blood.

a. drink b. drinking c. to drink

3 He stepped back so suddenly that we all jumped ________ fright!

a. of b. with c. beside

Words | 1. b 2. c 3. d 4. a

Structure | 1. a 2. c 3. b

● COMPREHENSION

Carfax House를 방문한 Van Helsing 일행에게 일어났던 일이면 T, 아니면 F에 표시하세요.

1 A disgusting smell almost overpowered them. T F

2 Van Helsing placed a crucifix into each crate. T F

3 Arthur thought he saw a pale face with red eyes. T F

4 Numerous bats suddenly appeared and came swarming toward them. T F

● SUMMARY

빈칸에 맞는 말을 골라 이야기를 완성하세요.

Van Helsing, Dr. Seward, Jonathan and Arthur went to Carfax House, and ( ) Dracula's crates, except one. The next day, they discovered that Dracula and the ( ) crate were onboard a ship that had left port. They realized Dracula was returning to ( ) and quickly followed him. They found his wagon near Castle Dracula, and finally succeeded in ( ) him.

a. missing b. killing
c. destroyed d. Transylvania

Comprehension | 1. T 2. F 3. T 4. F
Summary | c, a, d, b

After the Story

Reading X-File 이야기가 있는 구문 독해

Listening X-File 공개 리스닝 비밀 피일

Story in Korean 우리 글로 다시 읽기

본문 page 16
본문 page 40

My coach left Bistritz under thunderous-looking clouds.

천둥이 칠 것 같은 구름 아래로 내가 탄 마차는 비스트리츠를 떠났다.

★ ★ ★

비스트리츠 여관 여주인의 만류에도 불구하고 조나단은 마차를 타고 드라큘라 성을 향해 출발합니다. 여주인의 공포를 반영하기라도 하듯 하늘은 금방이라도 천둥을 내리칠 것 같은 구름으로 뒤덮였는데요, 이 상황을 묘사한 위 문장에는 **thunderous-looking**처럼 형용사 뒤에 -looking이 붙어서 '…할 것 같은, …하게 보이는'이라는 뜻을 나타내는 표현이 쓰였어요. 그럼 조나단과 미나의 대화로 살펴볼까요?

Jonathan

That man in black is Count Dracula! Oh, see his cruel-looking eyes!

저 검은 옷을 입은 남자가 드라큘라 백작이오! 오, 저 잔인해 보이는 눈을 보시오!

Mina

Oh my, he came to London! We must let Dr. Van Helsing know about it.

이런, 그가 런던에 왔군요! 우린 반 헬싱 박사님께 이 사실을 알려야 해요.

The moonlight was so soft, and the couch so comfortable, that I fell asleep.

달빛은 너무나 은은했고 소파는 너무나 아늑해서 난 잠이 들고 말았다.

★ ★ ★

자신의 방 외에 다른 방에서는 잠들지 말라는 드라큘라 백작의 경고에도 불구하고 조나단은 우연히 발견하게 된 꼭대기 방에서 그만 잠이 들고 말지요. 이를 나타낸 위의 문장에서 couch 뒤에 was가 중복되어 생략되었는데요, 영어에서는 같은 말이 반복되는 것을 피하려는 경향이 있어서 그 말을 생략하기 때문이랍니다. 그럼 이렇게 생략되는 경우를 흡혈귀 여인과 드라큘라 백작의 대화로 함께 알아볼까요?

Vampire woman

You will leave tomorrow morning, so could we have Jonathan tonight?

백작님은 내일 아침 떠나시니까 오늘 밤
우리가 조나단을 가져도 되나요?

Dracula

Have patience! Tonight he is mine, but tomorrow night (he is) yours!

인내심을 가져! 오늘밤 그는 내 것이지만
내일 밤 (그는) 너희들의 것이다!

본문 page 71
본문 page 123

Strange as it might sound, it said the crew had vanished one by one.

이상하게 들릴지 모르지만, 일지에는 선원들이 차례로 사라졌다고 적혀 있었다.

휘트니에서 휴가를 보내고 있던 미나는 배 한 척이 바위에 부딪히는 장면을 목격하게 되는데, 그 배에서 나온 선장의 일지에는 이상하게도 선원들이 차례로 사라졌다고 적혀 있었어요. 이를 나타낸 위 문장에서 '이상하게 들릴지 모르지만' 이라는 뜻의 strange as it might sound라는 표현을 사용하고 있는데요, 이처럼 「형용사 + as + 주어 + 동사」의 구문에서 as는 '…이지만, …이더라도' 라는 양보의 뜻으로 쓰인답니다. 그럼 아서와 반 헬싱 박사의 대화로 익혀 볼까요?

Arthur

Lucy looks like a sleeping angel, so I can't believe she is a vampire.

루시는 마치 잠자는 천사 같아서 그녀가 흡혈귀라는 사실을 믿을 수 없어요.

Van Helsing

Beautiful as she may look, Lucy is a vampire who drinks children's blood!

아름다워 보일지 모르지만, 루시는 아이들의 피를 마시는 흡혈귀라오!

Disappointed, we returned to Mina's room and asked her how she felt.

낙담한 채, 우리는 미나의 방으로 돌아와 그녀에게 기분이 어떠냐고 물었다.

★ ★ ★

드라큘라 백작의 마지막 관을 못 쓰게 만들려고 카팩스 저택에 다시 갔던 수어드 박사 일행은 그 관이 사라져 낙담한 채 집으로 돌아옵니다. 그들은 미나의 방으로 들어와 전날 밤 드라큘라에게 습격 당한 그녀에게 상태가 어떠냐고 물어보는데요, 이를 나타낸 위의 문장에서처럼 분사 구문의 주어가 주절의 주어와 같고 being으로 시작할 경우 being을 생략하는 경우가 많답니다. 이처럼 분사 구문에서 being이 생략되는 경우를 반 헬싱 박사와 조나단의 대화로 다시 볼까요?

Van Helsing

What did you do when the three horrible vampire women came to you?

그 끔찍한 세 흡혈귀 여인들이 다가왔을 때 당신은 어떻게 했소?

Jonathan

I continued to lie on the couch, (being) certain that it was a dream.

난 분명히 꿈일 거라고 확신한 채 소파에 계속 누워 있었지요.

01 듀〔쥬〕라이브!

dr의 d는 [듀]와 [쥬]의 중간 소리가 나요.

'드라이브?' 아니요, 정확하게는 '듀〔쥬〕라이브' 라고 말해야 해요. dr을 발음할 때 d가 [듀]와 [쥬]의 중간 소리에 가깝게 소리 나기 때문이지요. 따라서 drive는 [드라이브]가 아니라 [듀〔쥬〕라이브]로, dress는 [드레스]가 아니라 [듀〔쥬〕레스]라고 말해야 한답니다. 혀끝을 윗니 뒷부분에 스쳐 d 발음을 내면서 입 모양을 [우]로 만들고 r 발음으로 이어 보세요. [듀]와 [쥬]의 중간 소리로 발음할 수 있을 거예요. 본문 18쪽과 40쪽을 함께 볼까요?

> The (   ) never spoke, but as soon as I was aboard, we took off at great speed.

driver [드라이버]가 아니라 [듀〔쥬〕라이버]로 발음했어요.

> I'm not sure if the following events were real or just a (   ), but they terrified me!

dream [드림]으로 들리나요? 아니죠, [듀〔쥬〕림]으로 발음해요.

02 wh 발음에는 h가 없다?

wh의 h는 소리가 거의 나지 않아요.

병원에 가면 흔히 볼 수 있는 바퀴 달린 의자를 우리는 휠체어라고 하는데, 사실은 '윌체어'라고 해야 한답니다. 왜 그럴까요? 그것은 영어에서 w와 h가 함께 나올 때 h의 [ㅎ] 발음을 대부분 생략하기 때문이랍니다. h는 없다고 생각하고 입을 앞으로 내밀어 [우]하고 w 발음을 한 다음 모음으로 이어서 발음해 주세요. 그럼 이렇게 wh 발음에서 [ㅎ] 소리가 거의 나지 않는 예를 본문 19쪽과 58쪽에서 살펴볼까요?

> He had a long (   ) moustache and was dressed in black from head to toe.

white h 소리를 생략하고 [와잇]으로 발음했어요.

> Shortly after, I heard (   ) outside the door, so I softly tiptoed over and listened.

whispering 마찬가지로 [위스퍼링]으로 발음했어요.

03 모음 사이에서 약해지는 t

t는 모음과 모음 사이에서 [ㄹ]로 소리나요.

t는 모음과 모음 사이에서 그 발음이 약화되어 우리말의 [ㄹ]처럼 소리나요. 부드러운 발음을 좋아하는 미국식 영어에서는 되도록 t 같은 거친 음을 피하여 [ㄹ]로 흘려서 발음하는 경향이 있기 때문이에요. 이런 현상은 한 단어 안에서만 일어나는 것이 아니라 단어와 단어 사이에서도 일어난답니다. 그럼 이렇게 t 발음이 약화되는 경우를 본문 34쪽과 77쪽에서 함께 찾아볼까요?

Last night, the Count joined me after supper, and asked me questions on legal and business (   ).

matters tt가 앞뒤의 모음 사이에서 약화되어 [매터ㅅ]가 아니라 [매러ㅅ]로 발음된 걸 알 수 있지요?

And as soon as he arrives, I will immediately (   ) for Budapest!

set off set의 끝자음 t가 앞뒤의 모음 사이에서 약화되어 [세럽]으로 발음됐어요.

04 조동사 뒤에서 작아지는 have

「조동사 + have」는 하나로 뭉쳐서 발음하세요.

가정법 과거완료 문장에 나오는 「조동사 (would, could, should, might) + have + p.p.」의 경우 「조동사 + have」는 빠르게 이어져 발음됩니다. 조동사의 끝소리 d, t는 [ㄹ]로 약화되고 강세가 없는 have의 [ㅎ]음이 문장 안에서 거의 들리지 않아 두 단어가 마치 한 단어처럼 들리게 되는 것이죠. 그럼 이런 경우를 본문 100쪽과 123쪽에서 함께 확인해 볼까요?

Poor Jonathan was obviously terrified, and he ( ) collapsed if I hadn't been holding his arm.

might have might의 t가 [ㄹ]로 약화되고, have의 h가 거의 들리지 않아 [마이러ㅂ]라고 뭉쳐서 발음됐어요.

"We ( ) destroyed it yesterday!" said Van Helsing.

should have 마찬가지로 [슈러ㅂ]라고 발음된 걸 알 수 있어요.

우리 글로 다시 읽기

드라큘라

1장 | 트란실바니아로의 여행

p.14~15 1897년 5월, 런던 변호사 조나단 파커는 드라큘라 백작이라는 고객을 만나기 위해 헝가리 트란실바니아로 갔다. 조나단은 그를 위해 런던에 부동산을 알아봤고, 이번 여행은 그 구매를 마무리하기 위한 것이었다. 다음은 조나단의 일기다.

5월 3일

런던을 떠나기 전 나는 드라큘라 백작의 성에 대한 정보를 얻기 위해 대영박물관에 갔다. 애석하게도 성에 대한 어떠한 자료도 찾을 수 없었으나, 그가 사는 지역이 트란실바니아에서도 가장 황량하고 그곳〔트란실바니아〕 동쪽 끝에 위치해 있다는 사실을 알아낼 수 있었다.

어제 저녁 나는 클라우젠부르크의 작은 소읍에 도착해서 로얄 호텔에서 밤을 보냈다. 오늘 아침 8시 출발 기차를 타기 위해 급히 아침 식사를 했다. 기차는 하루 종일 꾸물대며 눈부시게 아름다운 시골을 지나갔고, 내가 비스트리츠에 도착한 것은 거의 해 질 녘이었다. 나는 골든 크론 호텔에 방을 예약해 두었기 때문에 다음 날 여행을 계속하기 전에 편안한 저녁을 보내기를 고대했다.

p.16~17 *5월 5일*

비스트리츠 주민들은 정말 이상한 무리이다. 드라큘라 백작의 이름만 들어도 그들은 십자가를 꺼내고 가슴에 성호를 그었다!

“영국 선생, 가지 마시우.” 호텔의 여주인이 간청했다.

하지만 내가 그녀의 경고에 주의를 기울이려 하지 않자, 그녀는 자신의 은 십자가 목걸이를 하라고 설득했다. 나는 마법이나 마술 같은 것을 믿는 사람은 아니었지만, 여주인을 안심시키고 그녀의 공포심을 덜어주기 위해 그 십자가를 목에 걸었다!

벼락이 칠 것 같은 구름들 아래 내가 탄 마차는 비스트리츠를 떠났고 오래지 않아 첫 눈송이들이 떨어지기 시작했다.

마차가 보르고 고개를 쏜살같이 가로지르자 산들이 우리 눈앞에 다가오는 것 같았다. 다른 승객들은 마차가 드라큘라 백작의 구역으로 가까이 갈수록 점점 더 두려워했다. 마침내 마차는 나를 드라큘라 성에까지 태워 갈 백작의 마차가 있는 지점에 도착했다.

p.18~19 네 마리의 새까만 말들이 끌고 망토 차림의 불가사의한 남자가 모는 마차는 약속 지점에서 나를 기다리고 있었다. 마부는 전혀 말을 하지 않았지만, 내가 승차하자마자 황량한 산 속으로 쏜살같이 출발했다. 우리 주위에는 온통 늑대들이 울부짖었고, 이따금씩 어둠 속에서 늑대들의 붉은 눈이 빛나는 것이 보였다!

마차가 심하게 꺾어지는 길을 돌자, 구름 뒤에서 달이 나타나 뾰족한 성벽들과 거대한 성을 둘러싼 첨탑들을 비췄다. 하지만 창문에는 어떤 환영의 불빛도 보이지 않았다. 정말 이상한 일이다!

마부는 커다란 쇠못이 점점이 박혀있는 거대한 고풍의 떡갈나무 문 앞에 나와 내 짐을 우두커니 세워둔 채 떠났다. 종이나 문고리가 어디에도 없었기 때문에 나는 누군가가 나타나기만을 기다리고 또 기다렸다. 마침내, 안에서 석조 바닥을 걸어오는 무거운 발걸음 소리가 들리더니 오래된 자물쇠에 열쇠 돌아가는 소리가 들렸다. 이윽고 삐걱거리는 커다란 소리와 함께 대문이 휙 열렸다. 내 앞에 키가 큰 노인이 서 있었다.

그는 길고 하얀 콧수염을 하고 머리끝부터 발끝까지 온통 검게 차려입고 있었다.

p.20~21 노인의 고대풍의 은 램프는 열린 문으로 들어온 찬바람에 깜박거리면서 떨리는 긴 그림자를 드리우고 있었다. 이윽고 그는 미소를 띠며 완벽하지만 특이한 억양의 영어로 말했다. "내 집에 온 것을 환영하오! 자유롭게 들어오고 무사히 떠나시되, 당신이 가져온 행복을 조금은 남겨두고 가시오."

그와 악수하자 얼음장 같은 그의 손에서 엄청난 힘이 느껴졌다.

"드라큘라 백작이신가요?" 내가 물었다.

그는 고개를 숙여 인사를 하더니 대답했다. "내가 드라큘라요, 하커 씨. 들어오시오, 밤공기가 차고 당신은 분명히 피로하고 시장할 거요."

내가 말렸음에도 그는 내 짐을 들어올리더니 안으로 옮겼다.

"당신은 내 손님이오, 하커 씨, 그리고 내 하인들은 지금 없다오." 그가 말했다.

나는 그를 따라서 어두운 복도를 지나 구불구불한 큰 층계를 올라간 후 또 다른 어두운 복도를 지나갔다. 그 끝에서 그는 육중한 나무 문을 휙 하고 열었다. 나는 눈 앞에 타오르는 장작불이 방안을 따스하게 덥히는 것을 보자 적잖이 안심이 되었다. 백작은 먹음직스러운 음식이 죽 차려져 있는 탁자를 가리켰다.

"앉아서 드시오, 하커 씨." 그는 이렇게 말한 후 불이 맹렬히 타오르고 있는 벽난로 옆으로 가서 섰다.

"포도주 한 잔 함께 하시겠습니까?" 내가 물었다.

"고맙지만 사양하겠소, 난 전혀 …" 그는 잠시 멈추더니 다시 말을 이었다. "포도주를 마시지 않소!"

그의 목소리에서 어떤 사악한 기운이 느껴졌지만, 난 단지 피곤할 뿐이라고 스스로에게 말했다. 그래서 나는 훌륭한 구운 닭 요리로 배를 채운 다음 치즈와 야채, 오래 묵힌 토케이 산 백포도주를 먹고 마셨다.

p.22~23 저녁 식사 후, 드라큘라와 나는 벽난로 옆에 앉아 잠시 이야기를 나누었다. 그때 처음으로 나는 그의 특이한 얼굴 모습을 주목했다. 그는 얼굴 인상이 강했는데, 기이한 아치형 콧구멍에 길고 가는 매부리코, 잔인해 보이는 입매와 높은 반구형 이마를 가지고 있었다. 털이 그의 소맷부리와 칼라 깃 아래로 나와 있었는데, 이상하게도 그의 손바닥 가운데서도 자라고 있었다!

그의 관자놀이에는 거의 머리카락이 없었지만, 눈썹은 매우 크고 풍성했으며, 창백한 귀는 크고 위가 뾰족했다.

하지만 정작 내 주의를 끈 건 새빨간 입술 위로 비죽 튀어나온 날카롭고 하얀 이였다. 그리고 그가 내게 미소를 짓자 그의 숨결에서는 부패한 듯한 악취가 났다.

'죽음의 냄새로군.' 나는 생각했다.

마침내 정적이 찾아왔고, 아래편 골짜기 늑대들의 소름 끼치는 울부짖음만이 들릴 뿐이었다. 백작의 두 눈이 흥분으로 빛나더니 이렇게 말했다. "저 밤의 자식들의 소리를 들어보시오. 정말 대단한 음악을 만들지 않소!"

그러고 나서 그는 의자에서 일어나며 말을 이었다. "하커 씨, 피곤하실 게요. 잠자리가 마련되어 있으니 내일 아침에는 원하시는 대로 주무셔도 될 거요. 오후까지 내가 어디 좀 나가 있을 테니까, 푹 주무시고 좋은 꿈 꾸시오!"

p.24~25 ***5월 7일***

나는 늦게 잠자리에 들었고 충분히 원기를 회복하며 일어났다. 어서 여기로 오게 된 일을 마무리 짓고 약혼녀인 미나에게 돌아가고 싶어 견딜 수가 없었다. 씻고 옷을 입은 후, 나는 차려져 있는 아침 식사를 충분히 했다. 식사를 마친 후, 나는 하인들을 부르기 위해 종을 찾아보았으나 한 명도 찾을 수가 없었다. 하인들이 없다니 이상한 일이다!

책이나 신문, 심지어 필기구도 찾을 수 없어서 나는 방에 있는 다른 문을 열어보았다. 놀랍게도 영어로 씌어진 책들로 가득 채워져 있는 서재를 발견했다. 나는 백작이 돌아올 때까지 책들을 훑어보며 시간을 보냈다.

"이 방을 발견했다니 기쁘구려." 그가 말했다. "여기에는 당신에게 흥미를 주는 것들이 많을 거요. 이 책들은 수년간 내게 유용하게 쓰여졌는데 특히 런던에 저택을 사기로 결정한 이후로 더욱 그렇소. 하지만 애석하게도, 아직까지 나는 이 책들을 통해서만 영어를 알고 있소!"

"하지만 백작님, 백작님의 영어는 훌륭하십니다!" 내가 말했다.

"고맙소, 친구. 하지만 이 억양으로는 런던 사람들이 내가 이방인이라는 사실을 눈치 챌 거요. 난 그들처럼 말할 수 있을 때라야 만족할 수 있을 것 같소."

그러고서 그는 덧붙였다. "여기 있는 동안 문이 잠겨 있는 곳을 제외하고는 성 안에서 어디든지 갈 수 있소. 기억하시오, 이곳은 영국이 아닌 트란실바니아이고 여기서는 다른 방식으로 행동한다오!"

p.26~27 백작은 잠시 침묵하더니 말했다. "이제 새 저택에 대한 이야기를 해주시오."

나는 내 방에서 서류들을 집어와서는 탁자 위에 펼쳐놓았다. 드라큘라 백작은 모든 것에 흥미를 보이더니 저택과 그 주변환경에 대해 수많은 질문을 했다. 그는 이미 그 근방에 대해 많은 자료를 읽은 것이 확실했으며, 사실상 나보다 더 많이 알고 있었다! 내가 백작에게 내용들을 설명하고 그가 필요한 서류들에 서명한 후, 그는 내게 어떻게 그토록 안성맞춤인 장소를 찾아냈는지 물었다.

"글쎄요, 백작님은 크고 오래되고 한적하며, 높은 돌담과 키 큰 나무들로 둘러싸여 있는 곳을 원하셨죠. 카팩스 저택은 이런 모든 특징을 가지고 있고, 육중한 떡갈나무로 된 출입문은 거대하고 녹슨 쇠로 만들어진 경첩이 있어 감시하는 눈들을 막아줄 겁니다!"

백작은 웃음을 지으며 두 손을 비비며 말했다.

"내가 사색에 잠겨 홀로 지내기에 완벽한 저택으로 들리는구려!"

드라큘라 백작은 온밤이 새도록 이야기를 했다. 하지만 이른 아침 수탉이 울자 그는 벌떡 일어나더니 말했다. "벌써 시간이 이렇게 됐소? 밤새 깨워두다니 실례가 많았소. 당신 얘기가 너무 재미있어서 내가 시간 가는 것을 잊었구려!"

그러고서 정중하게 절을 한 후 재빨리 사라졌다. 그는 어딘지 기묘했고, 그의 이상한 행동은 나를 불안하게 만들었다!

2장 | 드라큘라 성

p.30~31 ***5월 8일*** – 조나단의 일기

이곳은 정말 괴이해서, 내가 지금 집으로 돌아가는 중이라면 정말 좋겠다! 나는 몇 시간 자고 일어나 면도를 해서 기분을 상쾌하게 하기로 했다. 여행 가방에서 작은 손거울을 꺼내 그 앞에서 면도를 하기 시작했다. 갑자기 차디찬 손이 내 어깨에 느껴지더니 백작의 소리가 들렸다. "좋은 아침이오!"

나는 백작이 들어오는 소리를 듣지 못했다. 그리고 그가 내게 가까이 있고 내 뒤에 있는 방안 전체가 거울에 비치는데도, 거울에 그의 자취는 없었다! 도대체 어떤 사람이 거울에 투영되지 않는단 말인가?

나는 너무 놀란 나머지 살을 살짝 베었다. 피가 내 목을 타고 흘러내리는 것을 보자 백작은 마치 격한 감정에 사로잡힌 짐승 같았다! 그는 내 목을 움켜쥐려 했으나 손이 은 십자가에 닿자, 순식간에 분노가 사라지고 다시 침착해졌다.

"조심하시오, 친구. 살을 베지 마시오. 이 고장에서는 그런 것이 당신이 생각하는 것보다 훨씬 위험하오!" 그가 말했다.

그렇게 말하고서 그는 면도 거울을 잡더니 소리쳤다. "그리고 이 형편없는 물건은 인간의 허영심이나 만들어내는 것이오. 없애버리시오!"

예고도 없이 그는 거울을 창 밖으로 던져버렸고, 거울이 아래의 돌들에 부딪혀 산산조각이 나자 그는 더 이상 어떤 말도 없이 방을 나갔다. 앞으로 면도할 때 내 얼굴을 볼 수 없으니 매우 난처한 일이다!

p.32~33 그 후 아침 식사를 했을 때 백작은 어디에도 보이지 않았다. 그래서 나는 성 안을 조사해 보기로 결심했고, 이 성이 매우 가파른 절벽의 맨 가장자리에 지어져 있다는 사실을 깨달았다. 나는 창 밖으로 멋진 전경이 펼쳐지는 남쪽을 향해 있는 방을 발견했다. 나무들이 끝도 없이 펼쳐져 있었으며, 여기 저기에 은빛 강줄기들이 수풀 사이로 구불구불하게 흐르고 있는 것을 볼 수 있었다.

하지만 조사를 계속해야 하므로 그런 아름다움을 더 묘사하고 싶은 마음은 없다. 나는 계단을 빠르게 오르락내리락하며 방들을 열어보았지만, 문이란 문은 거의 다 잠겨 있었고 빗장이 질러져 있었다. 성을 빠져나갈 출구는 없는 것 같고 나를 도와줄 사람도 없다! 성은 정말 감옥이나 다름없고 나는 이 곳의 포로다!

대문이 큰 소리를 내며 닫히는 소리가 들리자 백작이 돌아온 것을 알았다. 나는 내 방으로 슬며시 들어가다가 백작이 내 잠자리를 정돈하는 것을 보고 깜짝 놀랐다.

이는 이상한 일이었고 이로써 내 의심은 확실해졌다. 이 집에는 하인들이 없다! 이제 왜 그렇게 비스트리츠 사람들이 나를 걱정했는지 확실히 알게 되었다. 내게 십자가를 주었던 그 착한 여인에게 축복 있으라!

p.34~35 ***5월 12일***

지난 밤 저녁 식사 후 백작은 나와 자리를 함께 하며 법률 및 사업 문제에 대해 자문을 구했다.

그러고 나서 그는 말했다. “런던에서 떨어진, 화물을 보낼 만한 작은 항구를 찾고 있소. 어떤 항구를 추천하겠소?”

난 그에게 휘트비 항구가 아주 적합한 것 같다고 말했으나, 그곳에서 미나와 그녀의 친구인 루시가 휴가를 보낼 거라는 사실은 말하지 않았다.

“당신의 고용주 호킨스 씨나 다른 사람에게 편지를 쓴 적 있소?” 백작이 물었다.

안타깝게도 누구에게도 편지를 보낼 기회를 갖지 못했던 차라 그렇게 대답했다.

“그럼 쓰시오, 친구. 호킨스 씨에게 편지를 써서 당신이 이곳에 한 달 동안 머물 것이라고 알리시오.”

“왜 내가 그렇게 오래 있기를 바라시지요?” 그럴 생각을 하자 심장이 서늘해지며 내가 물었다.

“내가 원하기 때문이오. 호킨스 씨는 내가 필요할 때까지 당신이 여기에 머물 것이라고 했소. 그렇지 않은 거요?”

고개를 끄덕여 승낙하는 것 외에 내가 무엇을 할 수 있단 말인가? 여기에 온 것은 호킨스 씨의 이익을 위해서지 내 이익을 위해서가 아니며, 나는 이 곳의 포로인 것이다!

백작은 내게 편지지와 봉투들을 건네주며 말했다. “편지에 사업 얘기만 하길 바라오, 그러나 당신이 잘 지내고 있고 곧 집으로 돌아갈 것이라고 말하는 것을 잊지 마시오.”

미나와 나는 종종 속기로 서로에게 편지를 쓰곤 했지만, 지금 그렇게 했다가 백작이 그것을 알게 된다면 그는 당황해 하며 화를 낼 것이다. 그래서 난 호킨스 씨와 미나에게 짤막하고 형식적인 편지들을 썼다.

p.36~37 두 통의 편지를 끝내고 나는 읽고 있던 책 쪽으로 돌아갔다. 백작은 여러 통의 편지를 쓰는 것을 마치자 내 것들을 집어 들더니 조심스럽게 모두 인장을 찍었다.

그 후에 그는 말했다. "양해해 줄 것이라 믿소만 난 오늘 밤 할 일이 많다오."

그는 문가 쪽에서 돌아서더니, "경고하건대, 젊은 친구, 성 안의 아무 곳에서나 잠들지 마시오. 그러다가 영원히 악몽을 꾸게 될 수도 있소!"라고 말했다.

난 그가 무슨 말을 하는지 잘 알아 들었지만, 그 어떤 꿈이 나를 죄여오는 이 무시무시한 그물보다 더 끔찍할 수 있을까 의심스러웠다.

백작이 나가자 나는 아래층으로 내려가 대문을 열어 보았지만 여전히 잠겨 있었다. 다른 문들도 열어보았으나 모두 잠겨 있었다. 나는 실망한 채 있다가 계단 꼭대기에 있는 문 하나를 발견했다.

p.38~39 처음에 그 문은 잠겨 있는 것처럼 보였지만 여러 번 밀자 가까스로 열렸다. 문 뒤에는 좁은 나선형 계단이 있었다. 너무 어두워서 나는 꼭대기에 있는 달빛이 비치는 방에 닿을 때까지 계단을 더듬어 올라가야 했다. 그 방은 모든 것이 때와 먼지로 쌓여 있어서 한동안 아무도 사용하지 않은 것이 확실했다.

'오랜만에 신선한 공기겠군.' 나는 창 밖으로 몸을 내밀며 생각했다.

갑자기 아래에서 어떤 움직임이 내 눈길을 끌었다. 드라큘라 백작이었다! 그는 손가락과 발가락으로 성벽의 돌들 사이에 있는 좁은 틈새를 짚으며 기어 내려가고 있었다. 그럴 때 그의 검은 옷이 박쥐의 날개처럼 그의 주위에서 부풀어 올랐다. 순식간에 그는 어둠 속으로 사라져 버렸다. 십자가를 잃어버린 것을 깨달은 것은 바로 그때였고, 난 두려움으로 현기증이 났다! 드라큘라는 도대체 무엇, 혹은 누구란 말인가?

p.40~41 *그날 밤 시간이 흐른 후*

곧 나는 공포의 밤이 끝나지 않았다는 것을 깨달았다. 다음의 사건들이 실제인지 단지 꿈인지는 확신할 수 없지만, 그것은 나를 두렵게 했다!

백작의 경고를 명심하고 있어서 이 방에서 잠들지 않으려 했지만, 백작을 본 후 나는 충격으로 맥이 빠져 있었다. 창가에 소파가 있어서 나는 거기에 잠시 앉아 휴식을 취했다. 달빛은 매우 부드러웠고 소파는 너무 편안해서 그만 나는 잠이 들고 말았다.

잠시 후 나는 깨어났고, 적어도 깨어났다고 생각했다. 그때 방 안이 뭔가 이상하다는 것을 깨달았다. 눈을 감고 있었지만 누군가 나를 지켜보는 것을 느꼈고 어둠 속에서 소근거리는 소리를 들을 수 있었다. 졸음으로 반쯤 감은 눈으로 나는 세 명의 젊은 여인들이 나를 향해 미끄러지듯 오는 것을 보았다. 이 젊은 여인들은 아름답다고 할 수도 있었지만, 나는 그들이 사악하다는 것을 알 수 있었다!

그들의 길고 날카롭고 흰 이는 달빛을 받아 희미하게 빛나고 있었고, 그들의 붉은 눈들은 흥분으로 반짝이고 있었다. 무시무시한 공포가 느껴짐과 동시에 강한 욕망 또한 느껴졌는데, 그들에게는 무언가 나를 흥분시키는 것이 있었기 때문이었다. 나는 그들이 다가와 만져주기를 원했다 …

p.42~43 이윽고 두 여인이 가장 예쁜 여인을 내 쪽으로 밀었다. 그녀가 내 옆에 무릎을 꿇고 앉자 씁쓸하면서도 달콤한 냄새가 났고, 내 목에는 두 개의 날카로운 이가 느껴졌다. 나는 꼼짝도 할 수 없었다! 공포로 몸이 마비되었던 것이다!

갑자기, 난데없이 백작이 나타났다! 그는 여인의 목을 움켜잡더니 가공할 만한 힘으로 방을 가로질러 내던져 버렸다. 백작의 얼굴은 죽은 사람처럼 창백했고 눈은 불꽃처럼 타오르고 있었으며 몸은 분노로 떨리고 있었다!

"감히 그에게 손을 대다니!" 그가 소리질렀다. "내가 더 이상 필요하지 않을 때까지 그는 내 것이다!"

"그럼 오늘 밤 우리 것은 없나요?" 한 여인이 외쳤다.

드라큘라는 가져온 자루를 발로 여인들 쪽으로 찼다. 그 안에서 아기의 울음소리가 들려왔는데, 난 그 다음에 일어나리라 짐작되는 일로부터 귀와 눈을 닫으려 애썼다!

아기의 울음소리는 점점 커지더니 갑자기 멈췄다. 방안은 곧 기묘한 엷은 녹색의 안개로 가득 찼다. 이제 나는 드라큘라 성의 비밀을 알았다. 이 곳은 흡혈귀들의 집인 것이다!

3장 | 탈출!

p.46~47 ***5월 13일 – 조나단의 일기***

오늘 아침, 내 방에서 깨어났을 때 어떻게 잠자리에 들었는지 기억할 수가 없었다. 백작이 나를 침대에 눕힌 것일까? 난 재빨리 옷을 입고 어젯밤 들어갔던 문으로 급히 내려가 보았지만, 이번에는 문이 단단히 잠겨 있었다. 사실 그 문은 너무 꽉 닫히는 바람에 문을 둘러싼 나무가 갈라진 것처럼 보였다. 이것은 어젯밤에 겪은 일들이 진정 사실이라는 것을 증명했다!

백작은 지난밤 일에 대해서 아무 말도 하지 않은 채 호킨스 씨에게 보낼 편지 세 통을 작성하라고 요구했다. 6월 12일자 첫 편지는 내 일이 거의 끝나가고 있으며 며칠 내에 집으로 돌아가게 될 것이라는 내용이었다. 6월 19일자 두 번째 편지는 다음 날 아침 출발한다는 내용이었다. 그리고 6월 29일자 세 번째 편지는 성을 출발해서 비스트리츠에 도착했다는 내용이었다.

내가 이유를 묻자 백작은 말했다. "이곳은 우편 시설이 불규칙하므로, 이 편지들을 보면 당신 사람들이 당신이 곧 집으로 돌아갈 것이라고 안심하게 될 것이오."

오, 하느님, 내 목숨이 곧 끝나갑니까? 거절하는 것은 그의 의심과 분노를 살 것이므로 어쩔 수 없이 그가 시키는 대로 하면서 내 손은 떨리고 있었다. 내가 너무 많은 사실을 안다는 것을 백작도 알고 있으므로 나는 가능한 한 빨리 탈출하도록 한층 노력해야만 한다!

p.48~49 ***5월 28일***

오늘 아침, 남자들의 목소리에 잠이 깨어 일어나서 창 밖을 내다보았다. 저 밑 안뜰에 모여 있는 태평스러운 집시 무리들을 보고 놀랐다. 돈을 준다면 그들이 내 편지를 몰래 바깥으로 내갈 수도 있을 것이라고 생각한 나는 서둘러 편지 두 통을 썼다.

미나에게 보내는 편지는 속기로 내 상황을 설명한 것이었는데, 끔찍한 상황에 대한 최악의 내용은 남겨 두었다. 두 번째 것은 호킨스 씨에게 가는 것이었는데, 나는 그에게 미나와 연락하라고 요청했다.

편지 작성을 마친 후, 나는 금화에 편지를 둘러싸서 창 밖으로 던졌다. 한 집시가 그것을 받아 자신의 모자 속에 감추었다.

그 후에 백작이 내 방으로 들어와 내게 두 통의 편지를 보여주었다.

"집시들이 내게 이것들을 주었소." 그가 조용히 말했다. "이것 보시오, 하나는 당신이 호킨스 씨에게 보내는 것이오. 다른 하나는 …"

미나에게 보내는 편지에 쓰인 속기는 그를 분노하게 했다!

"이게 무슨 비열한 짓이오?" 그가 소리쳤다. "서명조차 되어 있지 않다니!"

그는 조용히 미나에게 보내는 편지를 램프 불 위에 얹어 재로 변할 때까지 들고 있었다.

그러고 나서 "호킨스 씨에게 보내는 편지는 물론 부쳐 주겠소. 오늘 밤은 함께 있지 못할 것 같으니 안녕히 주무시오."라고 말했다.

다른 말없이 그는 방을 나갔고 방문을 잠갔다!

p.50~51 ***6월 17일***

오늘 아침, 나는 아래의 안뜰로 이어지는 돌길을 쿵쿵대는 말발굽 소리를 들었다. 급히 창가로 갔더니 각각 건장한 말 여섯 마리가 끄는 두 대의 커다란 마차가 도착한 것이 보였다. 마차꾼들에게 말을 걸 수만 있다면 그들에게 날 도와달라고 설득할 수 있을 터였다. 하지만 내 문이 밖으로 잠겨 있었으므로 나는 창에서 그들을 부를 수 밖에 없었다.

그들은 나를 보자 손으로 가리키더니 웃으며 외면해 버렸다. 나는 창가에 남은 채 어찌해 볼 수 없이 그들이 50개의 커다란 나무 상자들을 마차에서 내리는 것을 지켜보았다. 이윽고 그들은 말에 채찍질을 하더니 서둘러 아까 올라왔던 길을 내려갔다. 무슨 일이 일어나고 있는 것 같은데, 무엇일까?

6월 25일

어젯밤 백작이 그의 방 창으로 기어나가는 것을 보았으므로, 나는 앉아서 그가 돌아오기를 기다렸다.

두어 시간쯤 후에 아래 백작의 방에서 흘러나오는 날카로운 울부짖음을 듣고 깜짝 놀랐다. 그러고 나서 정적이 흘렀다 – 끔찍하고 귀가 먹먹할 듯한 정적!

오늘 아침 난 용기가 있을 때 행동을 취하기로 결심했다. 낮에는 백작을 거의 본 적이 없으므로 그때 잠을 자는 것 같다. 그의 방에 들어가서 탈출할 수 있게 열쇠를 훔쳐야 하지만, 그의 방문은 항상 잠겨 있다.

"나도 성벽을 기어 내려갈 수 있을까?" 나는 의문스러웠다. "너무 절박하니 위험을 무릅쓰든지 아니면 여기 드라큘라의 성에서 죽든지 할 일이다!"

p.52~53 *그날 늦게*

성의 바깥 벽은 크고 대충 잘라진 돌들로 지어져 있었지만 회반죽의 많은 부분이 세월의 흐름에 씻겨져 있었다. 나는 부츠를 벗어서 발가락이 돌 틈을 더 잘 잡도록 했다. 창턱에서 밖으로 기어나가 조심스럽게 벽을 타고 내려가 드라큘라 방의 창으로 미끄러져 들어갔다.

이 어둡고 더러운 공간이 정말 백작의 방일까? 나는 구석구석을 둘러보았지만 백작이나 열쇠의 흔적은 없었다. 그때 어둠 속에서 반대편 벽에 육중한 문이 있는 것이 눈에 띄었다. 그 문은 열려 있었고 성의 지하로 내려가는 돌로 된 나선 계단으로 이어져 있었다.

계단을 비추는 빛이 하나도 없어서 나는 조심스럽게 계단을 더듬어 찾아가며 어둠 속으로 내려갔다. 반쯤 내려왔을 때, 이상한 흙 냄새가 났는데 그 냄새는 계단 끝으로 갈수록 더욱 지독해졌다. 하지만 내 앞에 있는 육중한 문을 열었을 때, 끔찍한 썩은 냄새가 덮쳐와 나는 거의 기절할 지경이었다!

p.54~55 집시들이 내려놓았던 상자들이 한 상자만 빼고 전부 한쪽 구석에 쌓여 있었다. 유일하게 작은 창에서 새어 들어오는 빛이 그 아래 홀로 떨어져 있는 상자로 쏟아지고 있었다. 그것이 내가 열어야 하는 상자임을 알았지만, 난 아직 그 뚜껑을 열었을 때 보게 될 장면에 준비가 되어 있지 않았다!

드라큘라 백작이 흙 위에 누워 있었다! 얼굴은 선홍색이었고 입가에서는 피가 흘러나오고 있었다. 그에게서 철분이 풍부한 피비린내가 진동했는데 온 몸이 그 피로 부풀어 있는 것 같았다. 그는 방금 먹이를 잔뜩 먹은 야생 동물을 떠올리게 했다!

몸을 구부려 그의 호주머니에서 열쇠를 찾을 때 내 심장은 미친 듯이 뛰었다. 하지만 호주머니는 비어 있었다! 몸을 일으켜 그를 쏘아보며 나는 평생 처음으로 무언가를 죽이고 싶은 심정이었다! 하지만 죽지 않을지도 모르는 것을 어떻게 죽인단 말인가? 그래서 헛되고 절망스러운 기분으로 다시 내 방으로 기어 올라왔다!

p.56~57 ***6월 29일***

저녁에 백작이 내 방에 들어와서는 내게 마지막 편지를 부쳤다고 일러주었다.

그러고 나서 그는 말했다. "친구, 내일 영국 집으로 떠나도 좋소. 난 여기 없겠지만 내 마차가 당신이 비스트리츠행 마차를 탈 수 있도록 데려다 줄 거요."

"왜 오늘 밤 가면 안 됩니까?" 내가 조바심을 내며 물었다.

"내 마부와 말들이 없기 때문이오!"

"걸어갈 수 있을 것 같습니다만, 신선한 공기가 몸에 좋고요." 내가 허둥지둥 대답했다.

백작은 미소를 짓더니, "그럼 당신의 짐은 어떻게 할 거요, 하커 씨?"라고 물었다.

하지만 나는 대답할 말을 미리 준비하고 있었으므로 재빨리 말했다. "다음에 사람을 보내서 가져갈 수 있습니다."

"그렇게 간절히 떠나기를 원하니, 내가 한시도 잡아둘 수는 없겠구려!" 그가 조롱하듯 말했다. "따라오시오, 친애하는 젊은 친구."

백작은 조용히 나를 계단 아래로 인도했고, 우리가 대문에 다다르자 늑대 무리의 울음소리가 들려왔다. 그가 무거운 사슬을 풀고 커다란 빗장을 끌어당긴 후 천천히 문을 열었다. 늑대들의 소리는 점점 더 커졌다! 늑대들이 얼마나 가까이 있는지 눈의 빨간 빛과 길고 날카로운 이빨의 크기까지도 볼 수 있었다! 나는 도저히 참을 수 없어서 외마디 소리를 질렀다. "문을 닫으시오! 아침까지 기다리겠소!"

p.58~59 나는 실망의 눈물을 감추기 위해 손으로 얼굴을 감싼 채 급히 방으로 돌아왔다. 그 직후 문 밖에서 소근거리는 소리가 나기에 발끝으로 살금살금 다가가 엿들었다. 백작의 목소리가 분명했다!

"너희들의 처소로 돌아가서 기다려라!" 속삭이는 듯한 목소리였다. "오늘 밤 그는 내 것이지만 내일 밤은 너희들의 것이다!"

웃음소리가 파문처럼 번져갔고 나는 발끈하여 문을 확 열었다.

백작은 어디에도 보이지 않았지만 끔찍한 세 흡혈귀 여인들이 복도에 모여 있었다! 나는 문을 꼭 닫고 무릎을 꿇은 채 기도했다. "만일 죽음이 저를 데려간다면, 준비가 되어 있습니다! 오, 하느님, 제발 내 사랑하는 이들을 지켜주소서!"

6월 30일

이것이 이 일기의 마지막이 될 수도 있다. 지난 밤 거의 잠을 자지 못했고 새벽이 되기 직전에 일어났다. 이 끔찍한 곳을 탈출하는 길은 백작의 열쇠를 찾는 것뿐이다! 난 운에 맡기고 그의 방으로 나시 기어 내려가 보기로 결심했다.

힘들게 벽을 기어 내려가 백작의 방으로 미끄러져 들어간 다음, 어두운 계단 아래로 나아갔다. 백작의 상자가 있는 방으로 들어갈 때 내 다리는 덜덜 떨렸고 손 또한 떨리고 있었다!

p.60~61 백작의 상자 뚜껑을 들어올리자 나는 충격을 받았다. 백작은 거기에 누워 있었는데, 그는 마치 젊음을 되찾은 것 같았다! 그의 흰 머리와 수염은 짙은 철회색으로 변해 있었고, 뺨은 팽팽했으며 한때 창백했던 피부도 홍조를 띠고 있었다. 그의 입

은 여느 때보다 더 붉었으며 신선한 피가 입술에서 번들거리고 있었다. 그는 피로 터질 듯한 더러운 거머리 같았다!

나는 몸서리치며 열쇠를 찾으려고 그 위로 몸을 구부렸지만, 역시 열쇠의 흔적은 찾을 수 없었다. 그가 영국에서 사는 소망을 달성했을 때 내 사랑하는 사람들에게 무슨 짓을 할까 생각하니 나는 참을 수가 없었다. 그를 막아야만 했다!

무기가 될 만한 것을 찾으려 주변을 둘러보자 멀리 벽에 기대어 있는 삽이 눈에 띄었다. 삽을 들어올려 그의 혐오스러운 얼굴을 내려치려 하는데, 그렇게 하는 순간 그가 불타는 듯한 붉은 눈을 번쩍 떴다! 그 불쾌한 눈빛은 나를 거의 마비시켜서 단지 그의 얼굴을 스치는 데 성공했을 뿐이었다.

그리고 삽을 상자에서 치우는데, 삽 날이 가장자리를 쳐서 뚜껑이 그의 위로 덮였다.

'고맙게도 그가 이제 내 시야에서 사라졌구나!' 나는 생각했다.

p.62~63 다음에 무엇을 해야 할 지도 몰랐고 완전한 절망감이 나를 덮쳤다. 바로 그때 마차와 함께 성으로 돌아오던 집시들이 부르는 노랫소리가 들렸다!

집시들이 백작의 방문을 열 때 뛰쳐나가자고 생각하면서, 계단을 뛰어 올라가 백작의 방으로 들어갔다. 아래층에서 자물쇠에 열쇠가 삐걱거리는 희미한 소리가 나더니 육중한 문이 열리는 소리가 들렸다. 그러고 나서 집시들의 발소리가 점점 더 가까워졌다. 어딘가 지하로 들어오는 다른 입구가 있거나, 누군가 잠긴 문들 중 하나의 열쇠를 가지고 있음이 틀림없다.

몸을 돌려 아래층으로 다시 내려가려고 하는 순간, 한 줄기 돌풍이 방 안으로 불어 들어와 쾅 하고 문이 닫혔다. 문을 열어 보았지만 꼼짝도 하지 않았다! 죽음의 그물이 더욱 바싹 나를 조여오자 나는 온몸이 벌벌 떨렸다!

이 글을 쓰면서 나는 집시들이 상자 뚜껑을 못질하는 소리와 무거운 상자들을 마차에 옮기며 낑낑대는 소리를 들을 수 있다. 이윽고 대문이 닫히고 자물쇠에서 열쇠가 삐걱거리는 소리가 들렸다. 이제 정적만이 흐를 뿐이었다!

이제 나는 이 성에 세 명의 흡혈귀 여인들과 함께 홀로 있다! 여기 머물며 그녀들에게 고문당할 수는 없다. 난 탈출해야 한다! 이 무시무시한 곳을 빠져나갈 길은 오직 성벽으로 내려가는 것뿐이다. 어떤 희생을 치르더라도, 나는 영국과 내 사랑하는 사람들에게 돌아갈 것이다! 미나, 사랑하오!

p.68~69 *미나 머레이의 일기*

5월 29일

몇 주 동안이나 조나단에게 소식을 받지 못해서 난 점점 그이가 걱정되기 시작했다. 하지만 바로 오늘 아침 그이에게 편지를 받았는데, 그는 잘 있고 곧 집으로 돌아온다고 했다. 그가 여행한 낯선 나라들에 대한 이야기를 모두 듣고 싶은 생각이 간절하다.

이번 여름에 나는 단짝 친구 루시와 휘트비의 해안 도시에서 휴가를 보내기로 했다. 매우 기대가 된다! 루시는 최근에 오랜 친구인 아서 홈우드와 약혼을 했는데, 빨리 그 모든 이야기를 듣고 싶어 견딜 수 없다!

7월 24일, 휘트비

루시는 나를 역에서 만나 우리는 방을 예약해 두었던 크레슨트 거리의 숙소로 마차를 타고 올라갔다. 나는 시가지가 내려다 보이는 아름다운 고딕 양식의 수도원이 있는 휘트비를 사랑한다. 하지만 내가 앉아서 휴식을 취하기 가장 좋아하는 장소는 근처에 있는 다른 교회의 경내이다. 거기서 나는 항구, 항만, 그리고 케틀리니스 곶의 아름다운 경치를 볼 수 있다.

조나단이 트란실바니아로 간 후 딱 한 번 소식을 들었을 뿐이어서 점점 걱정이 된다. 호킨스 씨에게 편지를 써서 조나단에게 소식을 들었냐고 물었더니 친절하게도 편지를 동봉해서 보내주었다. 하지만 드라큘라 성 발(發) 날짜로 되어 있는 그 편지는 단 한 줄이었는데, 다음 날 집으로 출발한다고만 적혀 있었다. 그렇게 짧게 편지를 쓰다니 조나단답지 않아서 나는 그의 상황이 다소 염려가 되었다.

p.70~71 ***8월 8일***

오늘 루시와 나는 교회의 경내에 올라가서 주변의 아름다운 전경들을 바라보며 조용히 앉아 있었다.

우리가 사색에 잠겨 앉아 있을 때, 지나가던 한 선원이 소리 높여 외쳤다. "보시오, 저 배가 저 항로를 유지하다간 좌초될 거요! 선원들이 안전하기를 기원해야겠소."

하지만 너무 늦어서 파도가 그 배를 바위 위로 떠밀어 배가 부서지기 시작했다! 날이 어두워지자 휘트비 부두에 있는 탐조등이 배를 비췄는데, 거대한 검은 개 한 마리가 해안으로 뛰어 오르더니 어둠 속으로 사라지는 것이 보였다!

그 다음 날, 지역 신문은 데메테르라는 이름의 그 배와 선원들의 운명에 대한 기사를 다루었다.

선장만이 배에 남겨진 유일한 사람인 것으로 보인다. 선장은 발견되었을 때 은 십자가 목걸이를 건 채 배의 타륜에 묶여 있었다. 안타깝게도 그는 죽었지만 선원들의 운명에 대해 항해 일지에 적어 놓고 있었다. 이상하게 들릴지도 모르지만, 일지에는 선장 혼자 남을 때까지 선원들이 차례로 사라졌다고 적혀 있었다! 더 이상한 것은 데메테르 호가 운반 중이라고 보고된 화물이었다!

p.72~73 그 화물은 런던의 카팩스 저택으로 보내지는 것으로 흙이 채워진 다량의 나무 상자들이었다. 상자들은 최종 도착지로 다시 보내질 예정이다.

8월 12일

지난 밤 나는 섬뜩함을 느끼며 잠이 깨었는데 즉시 무언가 잘못되었다는 것을 느꼈다. 루시의 방문을 두드렸지만 그녀는 침대에 없었다. 그녀가 어릴 때처럼 몽유병 증상을 보이는 것으로 생각되어 걱정이 되었다. 급히 아래층으로 내려가 루시를 찾았지만 발견하지 못하자 나는 밖을 살펴보기로 했다.

아마 항구 위 우리가 가장 좋아하는 자리로 헤매면서 갔을지도 모른다고 생각하면서, 나는 급히 교회 경내로 가는 길을 따라갔다.

바로 그때 달이 구름 뒤에서 나타나더니, 루시가 가장 좋아하는 자리에 반쯤 누운 채로 있는 것이 눈에 띄었다. 하지만 그녀 위에 구부리고 있는 이상한 검은 형체를 보았을 때 나는 즉각 그녀가 위험에 빠졌음을 감지했다!

"루시!" 나는 크게 외치며 그녀 쪽으로 재빨리 달려갔다.

루시에게 다다랐을 쯤 그 위협적인 검은 형상은 사라지고 없었다! 가엾은 루시는 확실히 상태가 좋지 않았고 거의 걸을 수도 없을 지경이어서, 나는 그녀를 부축해서 침대로 데려다 줘야 했다.

목에 난 작고 붉은 반점 두 개 외에는 어떤 상처의 흔적도 보이지 않았다. 그녀의 안전을 위해 루시의 방문을 잠그고 열쇠를 내 베개 밑에 숨겨 두었다.

p.74~75 오늘 루시와 나는 산책을 나갔는데 루시는 내게 그녀가 꾸었던 이상한 꿈들에 대해 이야기해 주었다.

"매번 무언가가 내 방문을 쾅쾅 치는 소리에 깨어나." 루시가 말했다. "그리고 방문을 열면 커다란 박쥐나 거대한 검은 개가 밖에 있는 거야. 난 개를 좋아하지도 않고 박쥐도 무서워하니까 그게 현실일 리는 없어!"

루시는 지난 밤 무슨 일이 있었는지 기억하지 못하는 것 같아서 난 더 나은 때를 기다려 말해주기로 했다.

8월 19일

그 후 며칠 밤 동안, 루시가 방문을 열려고 애쓰는 소리가 들렸다. 그리고 어느 밤, 복도를 지나는 다급한 발자국 소리가 나더니 루시의 비명소리가 들렸다!

나는 급히 그녀의 방문을 열었지만 너무 늦고 말았다! 발코니로 향하는 유리문들은 활짝 열려 있었고, 루시는 어디에도 보이지 않았다. 난 본능적으로 그녀를 어디에서 찾아야 할지 알았으므로, 급히 그녀가 가장 좋아하는 그 자리로 갔다. 루시가 혼자 있기를 바랐으나 거대한 검은 박쥐가 그녀의 머리 위에서 불길하게 원을 그리며 돌고 있었다!

나는 루시를 도와 침대로 돌아오게 했고 밤새도록 그녀의 곁에서 떠나지 않았다. 아침이 되자 그녀는 매우 창백하고 힘이 없어 보여서 그녀의 주치의이자 런던에서 정신병원을 운영하고 있는 수어드 박사를 부르러 전갈을 보냈다. 그는 매우 바쁠 텐데도 이내 와 주었고 루시의 상태를 보자 깊은 충격을 받고 그녀의 모습을 염려했다.

p.76~77 수어드 박사는 그녀를 주의 깊게 진찰하고는 말했다. "이해할 수 없군요. 그녀의 혈압은 지극히 낮고 많은 피를 흘린 것으로 보입니다. 하지만 옷이나 침구에서는 피의 흔적을 찾아볼 수가 없군요."

나는 그녀의 목에 있는 두 개의 작고 붉은 반점을 가리키며 혹시 그 반점들이 루시의 병의 원인일 수 있냐고 물었다.

"곤충에게 물린 자국처럼 보이는군요." 수어드 박사가 말했다. "검사를 위해 혈액 샘플들은 보내겠지만, 루시가 너무 약해져 여행을 못할 수도 있으니 우리는 그녀를 런던에 있는 집으로 옮겨야만 합니다."

이런 혼란의 와중에 나는 부다페스트로부터 편지를 받았다!

그 편지는 몇 주 동안 조나단을 돌봐준 한 병원으로부터 온 것이었다. 듣자 하니 그는 수녀원으로 비틀거리며 들어와서 쓰러져 버렸는데, 계속해서 늑대와 피, 흡혈귀에 대해 횡설수설했다고 한다. 최근까지도 그가 누구이며 어디서 왔는지 아무도 알 수 없었다고 한다. 하지만 지금은 그가 훨씬 조리 있게 말하게 되어서 가까스로 수녀에게 자신의 이름과 나의 연락처를 말한 듯하다.

나는 루시를 홀로 두고 떠나고 싶지 않아서 그녀의 약혼자인 아서를 부르기 위해 전갈을 보냈다. 내가 떠나 있는 동안 그녀를 돌보도록 했다. 그리고 그가 도착하는 대로 부다페스트를 향해 출발할 것이다!

p.78~79 ***8월 24일, 부다페스트***

길고 피곤한 여행 끝에 나는 조나단이 환자로 있는 부다테스트의 병원에 도착했다. 그의 모습은 나를 고통스럽게 했다. 야위고 매우 약해져 있었으며 대부분의 기억을 상실했다. 하지만 적어도 나만은 기억하고 있었다! 의사는 내게 조나단이 매우 끔찍한 충격을 받았다고 했으며 나는 그의 정신이 결코 회복되지 못할까 걱정이 된다.

잠에서 깨어났을 때, 그는 내게 자신의 일기를 주면서 말했다. "내가 겪은 일이 현실인지 악몽인지 모르겠소! 원한다면 일기를 읽어도 좋지만 내가 청하지 않는 한 나와 그것을 상의하지 말아주시오. 친애하는 미나, 난 결혼으로 내 삶을 전부 다시 시작하고 싶소. 내가 이 고통스러운 일을 잊어버릴 수 있도록 나와 가능한 한 빨리 결혼해 주겠소?"

내가 무슨 말을 할 수 있겠는가? 나는 물론 동의했고 그가 잠든 사이 결혼 준비를 하기 위해 그의 곁을 떠났다.

8월 26일

오늘 조나단과 나는 마침내 결혼했고, 나는 지금 온 세상에서 가장 행복한 여자이다! 내 남편, 오, 내가 '남편', 이 말을 하는 걸 얼마나 좋아하는지! 내 남편은 여전히 약한 상태지만 점점 나아지고 있으며, 그의 상태가 호전되는 대로 우리는 영국으로 돌아가는 긴 여행길에 오르게 될 것이다.

또한 어제 루시에게서도 좋은 소식을 받았다. 그녀의 식욕이 돌아왔고, 잠도 잘 자고 있으며 몽유병 증세도 없어졌다고 한다. 그녀는 지금 매우 들떠 있는데 결혼 날짜가 9월 28일로 잡혔기 때문이다. 오, 그녀가 지금의 나처럼 행복하기를!

5장 | 루시가 위험하다!

p.82~83 *수어드 박사의 일기*

8월 19일, 정신병원 – 환자 일지

어젯밤 8시, 렌필드는 극도로 흥분하더니 마치 개처럼 모든 냄새를 맡고 다녔다. 그는 계속 반복해서 말했다. "주인님이 오신다! 주인님이 오신다!"

그 후 새벽 2시, 난 그가 탈출했다는 소식을 듣고 서둘러 옷을 입고 아래층으로 달려갔다. 렌필드는 카팩스 저택 뜰로 달아났고 직원들과 나는 그가 예배당 문에 기대어 있는 것을 발견했다. 그는 누군가와 이야기하고 있는 것 같았는데 우리가 옆에 서 있는 것을 모르는 것 같았다.

이윽고 그는 무릎을 꿇고 고개를 숙이며, "나는 당신의 노예입니다, 주인님, 당신의 명령을 기다립니다!"라고 말했다.

우리는 가까스로 렌필드에게 구속복을 입혀 묶고 병원으로 데리고 왔다. 완충재를 한 방의 벽에 그를 사슬로 묶을 때 그는 이따금 비명을 질렀으나 이내 잠잠해졌다. 그는 나를 죽일 계획을 하고 있는 것이 분명하다!

8월 23일

렌필드는 지난 며칠 동안 더욱 조용해졌다. 탈출 후 첫날은 계속해서 난동을 부렸으나 밤에 달이 떠오른 직후 조용해지더니 계속 중얼거렸다. "이젠 기다릴 수 있습니다! 이젠 기다릴 수 있습니다!"

사흘 밤 동안 같은 일이 일어났는데, 하루 종일 난폭하다가 해 질 녘부터 해 뜰 때까지 잠잠해지는 것이었다. 나는 원인을 알고 싶어서 오늘 밤 그를 탈출시키기로 했고, 내 직원들이 그의 뒤를 쫓을 것이다.

p.84~85 *그날 밤 늦게*

렌필드가 다시 탈출했다는 통보를 받은 것은 해가 뜨기 한 시간 전쯤이었다. 그를 카팩스 저택의 뜰에서 발견하기까지 오래 걸리지 않았다. 처음에 그는 우리를 보고 화를 내었으나 갑자기 조용해지더니 그의 눈이 내 뒤에 있는 무언가를 응시했다. 내가 돌아보았지만 본 것이라고는 날개를 치며 고요히 유령처럼 서쪽으로 날아가고 있는 커다란 박쥐뿐이었다!

"나를 묶을 필요는 없소. 조용히 따라갈 거요!" 렌필드는 이렇게 말하더니 우리와 함께 조용히 병원으로 돌아왔다. 그의 침묵에는 뭔가 불길한 것이 있는 것이 확실한데, 그게 무엇일까?

9월 2일

나는 오늘 아침 아서로부터 루시의 악화된 건강에 관한 편지를 받았다. 런던으로 돌아온 후 그는 루시의 집에 머물며 그녀를 돌보고 있다. 아서는 루시가 하루가 다르게 상태가 나빠지고 있으며, 무언가 마음에 근심거리가 있는 것 같다고 한다.

아서는 내게 와서 루시를 보살펴 달라고도 청했는데, 런던 외곽에서 병환 중인 아버지를 만나러 가야 하기 때문이다. 그가 루시에 대해 매우 염려하고 있는 것이 분명해 보여서 즉시 그녀의 집으로 출발하려 한다.

p.86~87 루시를 진찰했을 때 나는 육체적 질병의 증후는 발견할 수 없었지만, 그녀는 매우 창백하고 예전의 활기차던 그 모습이 아니다. 가엾은 루시는 때때로 일어나는 호흡곤란, 수면 부족 및 그녀를 두렵게 하는 악몽에 대해 호소한다. 그녀는 어린 시절 몽유병이 있었으며, 그 증세는 휘트비에서 다시 나타났다고 한다.

나는 루시가 정신병으로 고통 받고 있는 것이 확실하다는 결론을 내리게 되었다. 암스테르담에 사는 내 친구 반 헬싱 교수에게 연락해 보려 하는데, 그는 희귀 질환의 전문가이다. 분명히 우리에게 도움을 줄 것이다!

이틀 후

반 헬싱 교수는 오늘 아침 도착했지만 루시는 심하게 악화되어 있었다. 그녀는 살이 너무 많이 빠져 유령같이 창백한 얼굴에 광대뼈가 튀어나와 있었다.

반 헬싱은 그녀의 목에 있는 반점들을 보고 말했다. "이것이 바로 자네가 루시 양에 대해 쓴 편지를 읽은 후 내가 생각했던 것이라네. 무언가가 그녀의 피를 빨아왔다네!"

나는 겁에 질렸다! 그에게 열대지방에 사는 흡혈박쥐일 수 있냐고 물었지만 그는 머리를 가로저으며 말했다.

"불가능하네. 이 찔린 반점들, 루시가 꾸는 꿈들, 그리고 커다란 박쥐와 검은 개의 출현은 흡혈귀의 전설을 가리킨다네."

p.88~89 반 헬싱은 아래층으로 내려가더니 커다란 상자를 하나 가지고 돌아왔다.

"난 이것들을 암스테르담에서 가져왔다네." 그가 말했다.

그러더니 상자를 열고 작고 하얀 꽃 몇 송이를 꺼냈다.

"이 마늘 꽃들과 은 십자가가 흡혈귀를 물리칠 수 있다네. 그들의 초자연적인 힘은 밤에만 나타나기 때문에 우린 낮 시간에 그를 막도록 노력해야 한다네." 그가 설명했다.

내가 믿어지지 않는 듯이 보고 있는 동안 반 헬싱 교수는 창문들을 닫았다. 그러고 나서 그는 마늘 꽃을 한 움큼 꺼내더니 온 창과 문, 그리고 벽난로에 문질러 대었다. 마지막으로 그는 마늘 꽃 목걸이를 만들어 은 목걸이와 함께 루시의 목에 걸어 주었다.

나는 당황하여 말했다. "하지만 이건 의술이 아니오, 교수!"

"바로 그거라네!" 반 헬싱이 대답했다. "세상에는 현대 과학으로 치료할 수 없는 것들이 많이 있는데 이

것이 그 중 하나라고 확신하네. 안됐지만 나는 암스테르담으로 돌아가야 하니 누군가가 항상 루시 옆에 있도록 하게, 특히 밤에 말일세. 마늘 꽃들을 매일 갈고 문들은 잠가둘 것이며 어떤 급격한 변화가 있을 경우 내게 연락하게. 그녀를 잘 보호하게!"

"그녀를 보호하라고?" 반 헬싱이 방을 떠나자 나는 여전히 혼란스러운 채 중얼거렸다. "그녀를 무엇으로부터 보호하란 말인가?"

p.90~91 *며칠 후*

그 후 며칠은 내게 힘든 날들이었다. 매일 병원에서 시간을 보내야 했고 밤에는 루시의 집에서 그녀 곁에 있어야 했다. 비과학적으로 보이긴 했지만 난 교수의 지시를 따랐는데, 너무나 놀랍게도 그의 치료는 성공적으로 진행되는 듯 보였다! 루시의 얼굴에는 천천히 혈색이 돌아오고 있었고 목에 있는 상처들도 나아가기 시작했다.

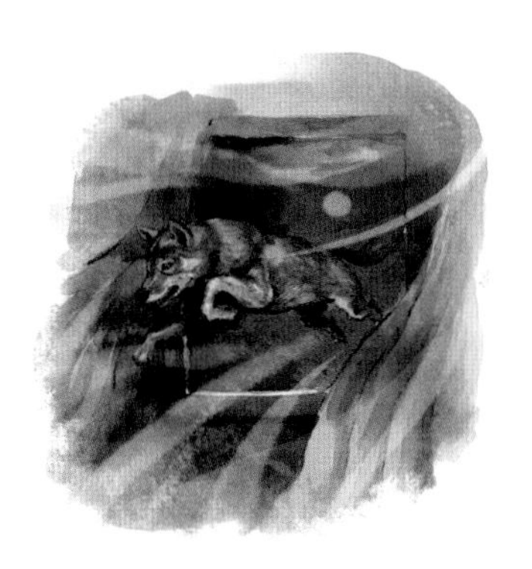

나는 잠을 충분히 자지 못해 매우 피곤해서 밤에 루시 곁에 있을 때 가끔 졸곤 한다. 루시의 창 밖에서 나는 이상한 소리 때문에 자주 잠을 깨게 된다. 처음에는 나뭇가지가 유리창에 스치고 있는 것이라고 생각했지만, 곧 창문 근처에는 나무가 없다는 사실을 깨달았다!

어제 초저녁, 나는 너무 피곤해서 사무실에서 잠이 들고 말았다. 늑대가 창문을 뛰어넘어 들어온 꿈을 꾸다가, 엄청난 소리에 잠이 깨었다!

렌필드가 내 사무실 문을 부수다시피 열고 긴 부엌칼을 들고 나를 향해 달려들고 있었다! 그가 내 팔을 찔렀을 때 나는 너무나 화가 나서 책상에 있던 두꺼운 책으로 그의 머리를 후려쳤다.

그는 칼을 떨어뜨리더니 얼굴이 바닥으로 향한 채 쓰러졌다. 그러고 나서 나의 다친 팔에서 피가 바닥으로, 얼굴 옆으로 떨어지자, 그는 그 피를 빨기 시작했다!

"피는 생명이다!" 병원 경호원들이 그를 방에서 끌고 나갈 때 그가 이렇게 소리쳤다.

나는 충격을 받았고, 통증과 과다 출혈로 무기력해진 채 정신을 잃고 바닥에 쓰러지고 말았다.

p.92~93 오늘 아침 암스테르담에서 온 전갈을 배달하는 소년이 나를 깨울 때까지도 나는 아직 잠에 빠져 있었다. 나는 전갈을 펼쳐 읽었다. *"매우 중요함! 반드시 루시 양의 집에 있을 것. 19일 일찍 도착 예정. 반 헬싱."*

오, 이런! 그건 어젯밤 전갈이고, 난 루시를 지키지 못하고 말았다!

공포에 질린 채 나는 당장 루시의 집을 향해 출발했고, 도착하자마자 역시 방금 도착한 반 헬싱과 마주쳤다.

"자네 어디에 있었는가?" 반 헬싱이 소리쳤다. "왜 여기서 밤을 보내지 않았는가, 내 편지는 받았나? 오, 너무 늦은 게 아니어야 할 텐데!"

우리는 초인종을 눌러보았으나 아무런 대답이 없었다. 최악의 상황을 우려하면서 우리는 집 안뜰로 달려들어가 부엌 창 안을 들여다 보았다. 하인들이 미동도 없이 부엌 바닥에 누워 있는 것을 보고 우리는 충격을 받았다. 반 헬싱이 창문을 부수고 우리가 급히 안으로 들어가자, 방 안에는 쏟아진 포도주 냄새가 진동하고 있었다. 하인들은 약에 취해 있었던 것이다!

우리는 루시의 방으로 뛰어 올라가 문을 홱 열었고, 놀라운 장면 앞에서 공포로 숨이 막히고 말았다! 침에 위에는 루시가 누워 있었는데, 그녀의 목에 난 상처들은 다시 열려 있었고 새로 물린 자국들이 있었다.

반 헬싱은 그녀의 손을 잡고 자신의 귀를 그녀의 가슴에 바짝 대었다.

이윽고 그는 조용히 말했다. "가서 하인들을 깨우고 아서에게 오라고 전갈을 보내게. 루시 양은 곧 죽을 것 같은데 그는 이곳에서 임종을 지키고 싶을 걸세."

p.94~95 그러고 나서 반 헬싱은 루시를 조심스럽게 진찰하더니 이상해진 입매와 길고 날카로워진 이들을 가리켰다. 그와 나는 아서가 침울한 기분으로 돌아올 때까지 밤을 새며 루시 옆을 지켰다.

반 헬싱이 조용히 내게 다가오라고 손짓하더니 루시의 목을 가리켰다. 피부가 매끄럽고 상처가 나은 것을 보고 너무나 충격을 받았다.

"이것 보게." 반 헬싱이 말했다. "두 개의 붉은 반점이 완전히 사라졌다네."

갑자기 차가운 전율이 내 몸을 통과했고 악의 기운이 느껴졌다!

바로 그 순간 루시가 눈을 뜨더니 아서를 보자 부드럽게 말했다.

"더 가까이 오세요, 내 사랑, 당신에게 키스할 수 있게요."

아서가 가까이 가자 반 헬싱이 그의 코트를 잡더니 그를 뒤로 끌어당겼다.

"이것을 보시오." 그가 조용히 아서에게 말했다. "루시 양에게 일어난 변화를 보지 못했소? 탱탱한 얼굴, 벌어진 입과 길고 날카로운 이들을 보시오. 그녀는 더 이상 당신이 사랑했던 그 루시가 아니라오."

바로 그 때 성난 그림자가 루시의 얼굴에 깜박거리더니 이윽고 그녀는 창백하고 피로해졌다. 가쁜 숨결이 점차 약해지더니 이내 멈추고 말았다.

"가엾은 여인. 하지만 감사하게도 다 끝났소." 내가 말했다.

"하지만 끝이 아니라네." 반 헬싱이 속삭였다. "단지 시작이라네."

6장 | 아름다운 여인

p.98~99 *미나 하커의 일기*

9월 22일

런던으로 가는 우리의 기차 여행은 별다른 일이 없었다. 조나단은 여행 내내 잤고 원기가 회복된 채 깨어났다. 우리는 기차역에서 버스를 타고 하이드 파크 코너로 간 후 피커딜리 거리로 걸어갔다. 내가 상점 창 안을 들여다보려고 걸음을 멈추었을 때 조나단이 헐떡이며, "이럴 수가!" 하고 속삭이는 소리가 들렸다.

난 그의 신경 발작이 도져서 그를 불안하게 하는 일이 다시 생길까 봐 늘 조바심을 내고 있던 터였다. 그래서 얼른 그에게로 몸을 돌리고 무슨 일이냐고 물었다. 그의 얼굴은 백지장처럼 변해 있었고, 눈은 공포로 튀어나올 것 같았다.

그는 키가 크고 호리호리하며 매부리코에 검은 콧수염과 뾰족한 턱수염을 기른 한 남자를 뚫어져라 바라보고 있었다. 그 남자는 마차 안에 있는 예쁜 아가씨에게 시선을 고정하고 있어서 우리를 보지 못했다. 조나단이 그에게 시선을 떼지 못하기에 나는 왜 그렇게 당황해 하느냐고 물었다.

"저게 드라큘라 백작이오!" 그가 말했다.

p.100~101 가엾은 조나단은 확실히 공포에 질려 있어서 내가 그의 팔을 잡고 있지 않았더라면 그대로 쓰러져 버렸을 것이다. 바로 그 때 한 부인이 상점 밖으로 나와 마차 안으로 올라갔다. 그들이 출발하자 그 이상한 남자는 영업용 마차를 불러 세우더니 그들 뒤를 쫓았다.

조나단은 계속해서 중얼거렸다. "그 백작인데 매우 젊어졌어! 세상에, 이럴 수가! 이럴 수가!"

조나단이 너무나 괴로워하고 있어서 그의 주의를 돌리려고 근처 공원에 있는 그늘

진 자리로 데리고 갔다. 몇 분 후 그는 눈을 감고 머리를 내 어깨에 베더니 잠이 들어버렸다. 20분쯤 후 그는 깨어나 말했다. "내가 잠이 들었었소, 미나? 어디 가서 차나 한 잔 합시다."

그는 그 흉측한 낯선 사람에 대해 잊어버린 것 같았지만, 난 이제 그의 일기장을 읽을 때가 되었다고 생각한다.

시간이 지난 후

슬픈 귀향이다! 우리는 루시가 병상에 있는 동안 돌보아 주었던 반 헬싱이라는 분에게 편지를 받았다. 그는 사랑하는 루시가 사흘 전에 세상을 떠났고 오늘 묻었다고 했다. 그녀를 다시는 볼 수 없다는 생각에 나는 견딜 수가 없다! 조나단과 나는 슬픔에 잠겼지만, 가엾은 아서는 일생의 연인을 잃었다! 하느님이 우리가 이 고난을 견딜 수 있도록 도와주시기를.

p.102~103 ***9월 23일***

오늘 아침, 난 문을 잠그고 조나단의 일기를 읽었다. 그 일기는 내게 매우 충격을 주었고, 그게 사실이든 단지 상상이든 조나단은 상당량의 고통을 받았음이 분명하다. 그리고 그는 어제 우리가 본 남자가 그 사람이라고 확신하고 있다!

오늘 오후 나는 반 헬싱 박사로부터 전보를 받았다. 그는 루시의 편지와 서류들을 읽어 보았는데, 나와 상의하고 싶은 몇 가지 중요한 사안들을 발견했다고 했다. 그는 이곳으로 나를 찾아오고 싶어해서 나는 그에게 언제든 만날 수 있다고 전보를 보냈다. 가엾은 루시의 죽음에 대해 좀 더 알 수 있을 것 같아 나는 반 헬싱 교수의 방문을 고대하고 있다.

이틀 후

교수는 어제 다녀 갔는데, 얼마나 이상한 만남이었는지! 내 머리 속이 온통 소용돌이 치고 있다! 나는 교수에게 일기와 조나단의 일기를 읽어보라고 주었고 그는 오늘 그것들을 돌려주겠다고 했다.

반 헬싱 교수는 그것들을 다 읽고 오늘 이리로 와서 조나단을 만났다. 교수는 조나단의 이야기를 믿고 있으며 마침내 우리는 조나단을 의심하지 않는 누군가를 발견한 것이다. 조나단은 그가 런던에서 본 것이 드라큘라 백작이었다고 확신하고 있으며, 반 헬싱이야말로 백작을 무찌를 수 있는 유일한 사람일지도 모른다.

〈웨스트민스터 가제트〉, 9월 25일자

수수께끼 사건!
지난 삼일 동안 어린아이들이 실종된 사건들이 여러 건 보고되었다.
아이들은 한결같이 '아름다운 여인'이 자신들을 데려갔다고 진술했다.
아이들이 사라진 것은 항상 저녁 때였고 모두 목에 상처가 난 채 돌아왔다.

p.104~105 *수어드 박사의 일기*

9월 26일

루시의 장례식 후 일주일도 지나지 않았지만 난 원기를 회복하기 시작하며 여기 이렇게 있다. 오늘 반 헬싱은 미나의 집에서 돌아와서 방으로 뛰어 들어오더니 내 앞에 '웨스트민스터 가제트'지 한 부를 들이밀었다.

"이 기사를 봤나?" 그가 '아름다운 여인'이라는 기사를 가리키며 물었다.

그는 내 대답을 기다렸지만 난 그가 의도하는 것이 뭔지 알지 못했다. 나는 기사를 찬찬히 읽고 나서 루시의 상처와 유사하다고 말했다.

그 때 한 가지 생각이 내 머리를 스쳤고, "루시에게 상처를 입힌 것이 그것이 무엇이든 아이들에게도 상처를 입힌 것이 분명하오."라고 말했다.

하지만 반 헬싱은 말했다. "이런, 내 친구여. 자네가 상상할 수 있는 것보다 더 나쁘다네. 다른 흡혈귀가 아이들의 피를 빨았다네. 내가 틀렸기를 바라지만 난 아이들의 목을 문 것이 루시라고 전적으로 확신한다네!"

그런 생각을 하다니 나는 그가 미쳤다고 생각했다!

"자네가 믿기 힘들다는 거 아네." 그가 말을 계속했다. "그게 사실이라는 것을 증명하기 위해서 우리는 밤에 루시의 묘지로 갈 것이네. 아서의 허락이 필요하므로 반드시 그에게 우리와 동행하도록 설득해야 하네."

처음에 아서는 교수의 말을 믿으려 하지 않았지만, 우리가 여러 차례 권고하자 결국 가기로 했다.

p.106~107 ***9월 29일***

자정이 조금 지난 무렵, 우리 세 사람은 루시의 무덤에 모였다. 교수가 그녀의 관을 열면 우리는 충격을 받게 될 상황이었다! 관은 비어 있었다!

"이제 기다릴 수 밖에!" 그가 말했다.

그래서 우리는 어둠 속에서 무언가 확신하지도 못하는 것을 기다렸다. 교회 묘지는 말할 것도 없이 으스스해서 혼자가 아닌 것이 다행이라고 느껴졌다! 묘비는 달빛에 하얗게 빛나 사체의 뼈처럼 보였고, 바람이 길게 자란 풀들 사이로 휘 소리를 내며 지나갔다. 이윽고 바람이 갑작스레 잦아들더니 깊고 꿈같은 정적이 우리 주변을 에워쌌다.

오래지 않아 어떤 소리가 들렸고 유령 같은 형체가 우리에게 다가오는 것이 목격됐다. 그 형체가 어둠 속에서 나와 달빛 웅덩이 사이를 가로지를 때 우리는 공포에 찬 숨을 내쉬었다!

그것은 루시였는데, 그녀는 팔에 작은 아이를 안고 있었다! 입술은 아이의 피로 젖어 있었고 그 피는 그녀의 얼굴을 흘러 내려, 입고 있던 새하얀 수의를 적시고 있었다.

p.108~109 반 헬싱이 그녀의 앞으로 나가자 루시는 광폭해지더니 그를 향해 계속 으르렁거렸다. 그녀는 성난 고양이처럼 소리를 내지르며 아이를 풀섶에 내던졌다. 그러나 아서를 보자 예전의 상냥한 루시로 변하더니 다정히 말했다. "내게로 오세요, 아서. 이제 내가 여기 있으니 친구들은 필요 없어요!"

아서는 마비가 된 듯 보였고, 우리가 미처 막기 전에 루시 쪽으로 걸어가기 시작했다! 루시가 막 아서의 목을 물려는 순간 반 헬싱이 금 십자가를 들고 앞으로 뛰어들었다. 그녀는 격분하여 그에게 으르렁대더니 무덤 속으로 사라졌다.

잠시 동안 정적이 흐른 후, 반 헬싱이 아서 쪽으로 몸을 돌려 물었다. "이제 허락하겠소?"

가엾은 아서는 무릎을 꿇고 눈물이 얼굴에 흘러내리는 채로 울부짖었다. "뭐든 해야 할 것을 하시오, 교수!"

"해가 떠오르기 시작했으니 우리는 준비해야 하오!" 반 헬싱이 말했다.

하늘이 밝아지자 우리는 묘지로 돌아가 루시의 관 뚜껑을 열었다. 그녀는 마치 잠이 든 것 같았고, 입가에 말라붙은 아이들의 핏자국을 제외하고는 그 어느 때보다도 아름다웠다.

p.110~111 반 헬싱이 말했다. "흡혈귀는 결코 늙어서 죽지는 않소. 그들은 다른 이들의 피를 빨아먹으며 영원히 살지요. 루시는 이미 아이들을 공격했으니 우리는 이 끔

찍한 존재로부터 그녀의 영혼을 풀어줘야 합니다. 아서, 당신이 연인 루시를 자유롭게 해 주어야 하오!"

"어떻게 해야 하는지 알려 주시오!" 아서가 흐느꼈다.

반 헬싱은 가방을 열어 무거운 망치와 길고 가는 나무 막대를 꺼냈다. 그는 그것들을 아서에게 주면서 말했다. "이 막대기를 그녀의 심장 위로 가져가 들고 있으시오. 그러고 나서 내가 완전히 죽지 않는 자들을 위한 기도문을 다 읽으면, 막대가 그녀의 심장을 뚫고 끝까지 갈 때까지 망치로 내리치시오!"

기도가 끝났을 때, 아서는 온 힘을 다해 막대를 한 번 또 한 번 내리쳤다! 전기 충격이 관통하는 것처럼 루시의 몸이 튀어 오르며 휘어질 때, 그의 얼굴에서는 눈물이 줄줄 흘러내렸다.

마침내 그녀는 멈추었고, 반 헬싱은 말했다. "보시오, 아서, 루시가 얼마나 평화로운 표정인지!"

그랬다! 루시는 더 이상 예전의 끔찍한 흡혈귀가 아니었다. 피부는 고운 분홍빛을 띠고, 긴 송곳니들은 사라졌으며 입가에는 피의 흔적이 없어졌다. 마침내 그녀는 자유로워졌다! 아서는 그녀에게 마지막으로 한 번 입맞춤을 하고 빛 속으로 걸어나갔다.

7장 | 사느냐 죽느냐!

p.114~115 *수어드 박사의 일기*

9월 30일

흡혈귀 루시를 죽인 다음 날, 우리는 런던의 내 집에 모여 앞으로 어떻게 해야 할 지를 의논했다. 반 헬싱은 미리 조나단과 미나에게 전보를 보내 루시의 죽음을 설명하고 그들에게 우리의 모임에 참석하기를 청했다. 도착을 기다리는 동안 그는 우리에게 조나단과 미나의 이야기를 해 주었다.

그들이 도착했을 때 우리는 서재에 있었고, 모두 편안히 자리에 앉자 반 헬싱 교수는 회의를 시작했다.

"우리는 저 사악한 드라큘라 백작을 제거해야 합니다." 그가 말했다. "그의 피를 마시게 된 사람 모두는 그의 노예가 됩니다! 그는 가공할 만한 힘을 가지고 있어서 스무 명의 사람을 대적할 수 있고, 지능도 대적할 자가 없소. 늑대나 박쥐로 변할 수도 있고, 심지어는 미세한 안개로도 변해 좁은 틈새 사이로 움직일 수도 있소. 하지만 그에게도 한 가지 약점은 있습니다! 해 뜰 녘부터 해 질 녘 사이에는 초자연적인 힘이 없어져 그는 상자 속에 실제로 죽은 것처럼 갇혀 있어요. 따라서 바로 그 때가 그의 숨통을 끊을 때겠지요."

"하지만 우리는 그 상자들이 어디에 있는지 알아야 합니다." 내가 말했다.
"우린 알고 있네." 반 헬싱이 대답했다. "조나단이 백작의 상자들이 카팩스 저택으로 간 것을 추적했네. 지금 우리가 앉아있는 곳에서 불과 백 미터 거리라네!"
"카팩스 저택이라고요?" 내가 소리를 높였다.
"드라큘라가 카팩스 저택 소유주입니다. 내가 그 집을 사도록 도왔기 때문에 잘 알고 있고, 난 상자들이 거기에 있다고 확신합니다!" 조나단이 설명했다.
"그래서 내 환자 중 하나인 렌필드가 카팩스 저택 뜰 내 예배당으로 탈출한 것이로군. 먼저 거기부터 찾아보아야 합니다!" 내가 말했다.
"그럼 뭘 기다리고 있는 거요? 가서 그를 잡읍시다!" 아서가 물었다.

p.116~117 "서두르지 말고 먼저 준비를 해야 하오." 반 헬싱이 우리 각자에게 작은 마늘 꽃 한 다발씩을 나눠주며 말했다. "이것이 당신들을 보호해 줄 테니 잃어버리지 마시오!"
미나도 가고 싶어했으나 반 헬싱은 그녀가 우리와 함께 가는 것을 허락하려 하지 않았다.
"자, 친애하는 미나 부인. 당신은 여기에 있어야 하오, 이건 여자들의 일이 아니기 때문이오." 그가 단호히 말했다.
그래서 우리가 카팩스의 예배당으로 급히 가는 동안 미나는 내 집에 남아 쉬게 되었다. 우리가 도착했을 때 예배당 문은 잠겨 있었지만, 문을 억지로 열어젖히고 안으로 들어갔다. 바닥은 더러웠으며 역겨운 냄새가 우리를 압도하는 듯했다!
"이 냄새를 알고 있소. 이건 드라큘라의 숨결이오!" 조나단이 말했다. 
우리는 방을 둘러보고 상자들이 벽에 쌓여 있는 것을 발견했다.
반 헬싱은 제병들이 담긴 작은 자루를 가지고 왔었는데, 그것은 교회에서 쓰이는, 그리스도의 몸을 상징하는 것과 같은 것이었다. 우리는 상자를 하나씩 열고 짧게 기도한 후 흡혈귀를 몰아내는 제병을 각각의 상자에 넣었다!

p.118~119 우리가 마지막 상자를 열기 시작했을 때 아서가 갑자기 소리를 높여 말했

다. "잠시지만 어떤 얼굴을 본 것 같아요! 작고 창백한 얼굴에 날카롭고 붉은 눈들과 사악한 입매를 하고 있었소!"

그러고는 예배당에서 이어지는 어두운 복도들 중 하나를 가리켰다. 반 헬싱은 등불을 높이 들고 아서가 가리킨 방향으로 걸어갔다. 하지만 아무것도 보이지 않았다!

"단지 그림자인 것 같소." 그가 말했다.

하지만 그때 그가 너무나 갑작스럽게 뒤로 물러나서 우리 모두는 화들짝 놀랐다! 주변을 돌아보았더니 어두운 구석과 복도에서 수도 없는 작고 붉은 불꽃들이 나타났다! 이윽고 난데없이 쥐들이 우리 쪽으로 우글우글 몰려왔다. 수백, 아니 수천 마리였고, 작고 붉은 눈이 어둠 속에서 빛나고 있었다!

우리는 문으로 달려가려 했지만, 쥐들은 우리의 바지를 물려 하고 몸 위로 뛰어 올라 귀를 물어뜯으려 했다. 어떻게 하여 우리는 탈출했다! 밖은 이미 밤이었는데 우리는 달빛을 받으며 차갑고 상쾌한 공기를 들이마셨다.

"내일 돌아와 마지막 상자를 못 쓰게 만듭시다." 반 헬싱이 조용하게 말했다.

p.120~121 자정을 20분 넘긴 시각, 우리가 막 카팩스 예배당에서 집으로 돌아왔을 때, 날카로운 비명 소리가 고요한 밤 공기 속으로 울려 퍼졌다. 그 소리는 미나의 방에서 나온 것이었다! 우리는 모두 그녀의 방문으로 달려가 문을 열려고 했지만, 방문은 잠겨 있었다. 조나단은 미나의 안전이 너무나 염려된 나머지 굉장한 힘으로 몸을 던졌고, 문은 벌컥 열렸다. 우리가 마주친 광경으로 피가 얼어붙을 지경이었다!

검은 옷을 입은 드라큘라가 저쪽 벽 옆에 선 채, 자신의 오른팔로 미나의 머리를 잡아 가슴에 대고 있었다! 그는 자신의 목 상처 부위에서 가슴으로 흐르는 피를 그녀에게 강제로 마시게 하고 있었다. 그의 눈은 벌겋게 단 잉걸불처럼 타오르고 있었고 그의 입은 피투성이의 송곳니들을 드러낸 채 열려 있었다!

그는 우리를 보자 고함을 지르며 미나를 침대 위로 집어 던졌다. 동시에 반 헬싱이 앞으로 뛰쳐나가더니 금 십자가를 드라큘라에게 들이댔다. 그러자 안개가 방안으로 밀려 들어왔고, 나중에 안개가 걷혔을 때 드라큘라는 사라지고 없었다!

p.122~123 가엾은 미나는 충격에 빠졌고 얼굴과 하얀 잠옷이 피로 덮여 있었다. 그녀는 침대 위에 조용히 누웠고 말할 수 있는 기력을 찾을 때까지 시간이 좀 걸렸다.

"마치 꿈 같았어요." 그녀가 힘없이 말했다. "내가 거의 잠들었을 때 빛나는 불그레한 눈동자를 한 남자가 침대 옆에 나타났어요. 그러고 나서 그가 내 손을 잡았는데 모든 힘이 다 빠져나갔어요. 오, 내가 그 다음에 일어난 일을 기억하지 못하면 얼마나 좋을까!"

"천천히 하세요, 친애하는 미나 부인." 반 헬싱이 말했다.

"그는 손가락으로 자신의 목을 찢더니 내게 자신의 피를 마시게 했어요!" 그녀가 말을 이었다. "그는 내게 이제 자기와 난 한 피로 한 마음이라고 했어요. 제발 내게 그와 같지 않다고 말해 주세요! 사실이 아니라고 말해 주세요!"

아무도 말이 없었다! 무슨 말로 그녀를 위로할 수 있겠는가? 이윽고 반 헬싱이 그녀의 손을 잡더니 말했다. "자, 우리가 당신을 안전하게 지켜주겠다고 약속하겠소, 그리고 드라큘라가 자신이 이겼다고 생각한다면 그는 오산하고 있는 거요."

그 다음 날

지난 밤 우리는 잠을 제대로 자지 못했고, 오늘 아침 식사를 마친 후 조나단은 미나를 보살피라고 하고 우리는 집을 나섰다. 하지만 카팩스로 돌아갔을 때 마지막 상자를 발견하지 못했다. 그것은 사라졌다!

"어제 그 상자를 못 쓰게 만들었어야 했는데!" 반 헬싱이 말했다.

우리는 실망한 채 미나의 방으로 돌아와 그녀에게 기분이 어떤지 물었다.

"약간 피곤해요. 그리고 배 위에 있는 꿈을 계속 꾸는데 물 소리도 들려요!" 그녀가 말했다.

p.124~125 나는 반 헬싱 쪽으로 몸을 돌리며 물었다. "미나가 잠을 자는 동안 드라큘라의 마음을 읽는다고 생각하세요?"

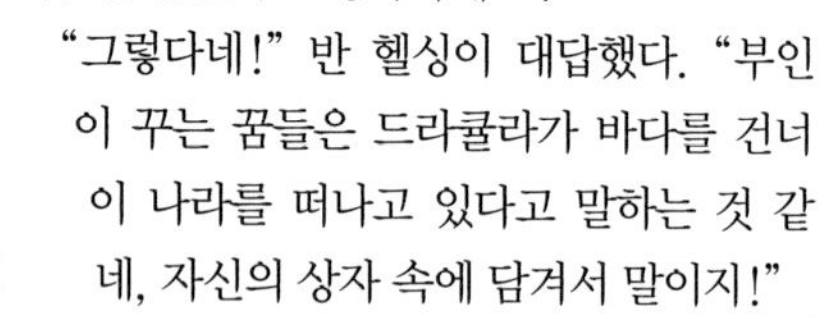

"그렇다네!" 반 헬싱이 대답했다. "부인이 꾸는 꿈들은 드라큘라가 바다를 건너 이 나라를 떠나고 있다고 말하는 것 같네, 자신의 상자 속에 담겨서 말이지!"

"맞습니다!" 조나단이 탄성을 내질렀다. "그는 트란실바니아로 돌아가고 있는 거예요!"

"나도 동의하네." 반 헬싱이 말했다. "미나 부

인을 위해 그를 쫓아가 무찔러야 하네. 너무 늦으면 미나 부인은 루시 양과 같은 운명을 겪게 될 걸세."

그날 늦게 우리는 드라큘라가 어떤 배로 항해 중인지 알아냈다. 그것은 예카테리나 여제 호로 오늘 아침 일찍 흑해를 향해 항해를 시작했다! 선박 사무소 직원들은 새벽에 검은 옷차림의 키가 크고 마른 남자가 허겁지겁 도착해서는 어떤 배가 흑해로 가느냐고 물었다고 했다. 그들은 그 남자의 특이한 얼굴 생김새와 이상한 억양 때문에 그를 기억하고 있었다. 배가 항구를 떠나는 시각을 얼마 남겨두지 않고 그가 자신의 상자를 실었던 것으로 보인다!

우리는 즉각 드라큘라를 쫓아 그의 성으로 갈 계획을 짰다. 반 헬싱과 미나는 육로를 통해 드라큘라의 성으로 갈 것이었다. 그는 우리 중에서 미나에게 닥칠지도 모르는 악으로부터 그녀를 어떻게 보호해야 할지 알고 있는 유일한 사람이다. 그리고 나머지 우리들은 쾌속선을 타고 바다를 가로질러 드라큘라를 쫓아갈 것이다.

p.126~127 *반 헬싱의 비망록*

11월 5일

나는 미나 부인에게 일어나는 변화를 조심스럽게 지켜보고 있다. 그녀의 이 몇 개가 날카로워지고 가끔씩 부드러운 눈동자가 이상하게 강렬해지는 것이 눈에 띄었다. 흡혈귀의 피가 부인의 몸 속에서 서서히 작용하고 있는 것 같다.

오늘 미나 부인과 나는 안개가 덮인 드라큘라 성벽 외곽에 도착했다. 우리는 길에서 벗어나서 나무 아래 멈춰 섰다. 날이 점점 추워졌으므로 나는 작은 모닥불을 피웠고 미나는 생각에 깊이 잠긴 채 그 옆에 앉았다.

곧 어둠이 내렸고 소리라고는 말들이 마른 낙엽들 사이에서 이리저리 움직이는 소리뿐이었다. 난 피곤했지만 미나 부인을 지켜야 했기 때문에 잠들 수가 없었다. 첫 여명이 나타났을 때 말들은 갑자기 공포에 찬 울음소리를 냈다! 아름다운 세 여인들이 춤을 추며 우리에게 천천히 다가오는 것이 보였다. 조나단이 마주쳤던 그 여인들일 수도 있었다!

그들은 미나 부인을 부르며 팔을 뻗쳤고 부인이 점점 흥분하는 것이 느껴졌다. 하지만 그녀가 움직이기 전에 나는 타고 있는 나무 토막을 집어 그들에게 던졌다. 그들은 돌아서더니 으르렁대고 욕을 하더니 다시 성으로 달려 가버렸다.

정적이 뒤따랐고 나는 미나 부인을 지켜 보았다. 부인의 얼굴에 이상한 표정이 떠올

랐을 때, 이제 그녀가 있는 앞에서 잠드는 것은 안전하지 않음을 깨달았다. 그녀는 점점 흡혈귀가 되어가고 있는 것이 분명했다!

p.128~129 *수어드 박사의 일기*

11월 6일

조나단, 아서 그리고 나는 눈 위에 새로 생긴 바퀴 길을 따라갔고, 따라서 우리가 드라큘라의 마차 뒤에서 멀리 있지 않다는 사실을 알게 되었다. 이것은 시간과의 싸움이었다! 쉬지 않고 하루 종일 달렸지만 우리는 드라큘라의 마차를 따라잡지 못했다. 그 마차는 너무나 빨랐다! 해가 서서히 지자 우리는 이곳에 하러 온 일을 끝낼 시간이 얼마 남지 않았음을 깨달았다. 우리는 점점 더 드라큘라의 마차와 그의 성으로 가까이 가고 있었다.

갑자기 근처에서 총성이 크게 울렸다! 우리는 무기를 꺼낸 후 지친 말들을 앞으로 밀어붙였다. 마지막 전투가 막 시작되려 하고 있었다! 조금 떨어진 앞쪽에서 우리는 마차를 지키고 있는 몇몇 집시들과 마주쳤다.

그들은 커다란 단도로 무장하고 있었는데, 그것을 사용할 태세를 갖추고 있었다. 그러나 그들 앞, 길 한가운데에 반 헬싱이 라이플총을 가지고 서 있었다! 우리는 소리지르고 무기를 휘두르며 집시들을 향해 돌격했다. 그들은 싸우려는 듯 하다가 곧 꽁무니를 빼고는 짐을 뒤에 남겨둔 채 산으로 달아났다.

p.130~131 반 헬싱이 외쳤다. "서두르시오, 내가 나무 막대와 망치를 가져 올 동안 저 상자 뚜껑을 떼어내시오."

그러나 뚜껑을 지렛대로 열 만한 것을 하나도 가져오지 않았기 때문에, 우리는 큰 돌들과 무거운 나뭇가지들로 뚜껑을 박살내 버렸다.

"빨리, 빨리, 해가 많이 내려갔고 드라큘라가 꿈틀대기 시작하는 것 같은 느낌이 드오." 반 헬싱이 고함을 쳤다.

점차 상자 뚜껑이 떼어지면서 드라큘라의 사악한 얼굴이 나타나는 것이 보였다. 그의 몸이 움직이기 시작했고 입은 움직이고 있었으며 눈은 떠져 있었다! 그 악랄한 눈은 의기양양하게, 지고 있는 해 쪽으로 향해 있었다. 너무 늦은 것일까?

바로 그 순간 반 헬싱은 막대기를 드라큘라의 심장에 대고 망치로 연거푸 내리쳤다! 길고 섬뜩한 비명이 드라큘라의 크게 벌어진 입에서 새어 나와 미나를 나무 아래 숨은 곳에서 나오게 했다. 우리는 그가 확실히 예정된 죽음으로부터 도망치려 애쓰면서 팔다리가 이리저리 몸부림치는 것을 지켜보았다! 움직임이 모두 멎자 그의 몸은 오그라들더니 미세한 가루가 되어 바람에 휩쓸려 가버렸다.

우리가 미나를 돌아보자 석양의 붉은 빛이 그녀의 아름다운 얼굴 위로 드리워졌다. 우리는 즉시 더 이상 그녀를 두려워할 이유가 없다는 것을 깨달았다. 그녀의 긴 이와 이상한 피부 색깔, 눈에 어린 기묘한 표정은 완전히 사라져 버렸다.

조나단은 미나의 손을 잡고 그녀를 품에 꼭 안았다. 그녀의 아름다움과 용기는 어둠 속에서 한 줄기 불빛과 같이 빛났고, 그녀는 그가 사랑했던 바로 그 미나로 다시 돌아갔음을 그는 알았다!

YBM
Reading
Library
독해력완성프로젝트